Cuando ya no está

Cartas de consuelo y esperanza en el camino del duelo

Cristina Martínez Segura O.P.

Cristina Martínez Segura
oracionbetania@gmail.com
Youtube: *@oracionbetania*

Imágenes cedidas por @espill.image
Depósito Legal: V-1929-2026
ISBN: 978-84-09-85282-6

Quiero dar gracias a mi madre, por ser mi madre. Por ese amor incondicional, por su apoyo y por sus consejos que siempre me han sostenido y me han ayudado a seguir adelante.

Gracias a mi hermana y a mis sobrinas por estar siempre pendientes de mí.

Gracias a esas amigas incondicionales que permanecen cerca.

Y también a mi amiga Carmen Cruz, por leer el libro antes de los últimos retoques y ayudarme a discernir si las palabras llegan al corazón del lector.

«Ya no está. Ha fallecido.

Cristina, mi hermano ha fallecido. Sin esperarlo, sin poder acercarme a él ni poder abrazarle. No entiendo nada, ayer estaba y hoy ya no está. No sé cómo podré superar esto».

Al recibir este mensaje, me quedé en silencio. ¿Qué decir? Personalmente, ante la pérdida de un ser querido, solo queda el silencio.

Después le digo a la persona: lo siento. Y nada más. Si estoy junto a ella, la abrazo.

Todo fallecimiento es triste, puedo sentirlo, puedo acompañar, pero nunca quitar el sufrimiento de la persona. En un momento así, cada persona afronta este momento de forma muy personal. Desde la fe, podemos vivir este momento con sentido, si así lo podemos llamar.

«Irma, cuando necesites hablar, ya sabes dónde estoy».

«Escríbeme»

Me quedé pensando cuando ella me dijo que le escribiese; realmente me quedé en blanco porque el dolor es personal. Un duelo es una vivencia por la que todos pasamos, pero cada uno lo vive con matices distintos.

Una muerte puede ser anunciada o no esperada, puede ser de un ser querido en edad avanzada o puede ser de alguien joven. Puede ser la pérdida de un padre o de una madre, de un hermano o de un hijo. Puede vivirse en la niñez, en la adolescencia o en la madurez. Algunas personas me han dicho que es difícil escribir para aliviar a quienes han sufrido una pérdida; otras recuerdan que, cuando se vive siendo niño, quedan heridas que cuesta sanar.

Ante estas afirmaciones, a veces he sentido como si fuese una extraña o una invasora que no debería entrar en la intimidad del duelo de las personas. Pero esa no es mi intención, en absoluto. Tampoco es una iniciativa mía, sino de una mujer creyente que me lo pidió: Irma.

Se encontraba en tal estado de sequedad y de dolor que toda caricia de palabras le era necesaria.

A veces la muerte llega con preparación; otras, irrumpe y desordena todo. Siempre duele, porque amamos. Y cuando amamos, la separación se siente como un desgarro.

Estas páginas nacen de ese acompañamiento. Aunque fueron escritas primero para ella, quizá también puedan servir a quien hoy atraviesa una pérdida.

No pretendo explicarte nada ni convencerte de nada. Solo deseo estar a tu lado, sostener tu respiración y caminar contigo —despacio— mientras aprendes a vivir con esta ausencia.

No para quitar tu pena ni para "superarla", sino para que, junto con Jesús, puedas llevarla con paz.

Escrito desde la esperanza en la vida eterna.

Invoco al Espíritu Santo para que, con su gracia, con su sabiduría, sea Él quien me guíe.

PARTE I:
Impacto y shock

Los primeros días: llanto, confusión, la incomprensión y una presencia que no abandona.

Carta de 25 de febrero de 2025

Querida Irma:

Me dices que te escriba, de acuerdo. Si de esta forma puedo acompañarte en tu duelo, pues así lo haré. Pero hay una cosa cierta a tener muy clara: el duelo es personal e intransferible.

Me preguntas cómo afrontar la muerte; en realidad, cómo vivir con la ausencia que deja.

Todo es sufrimiento y vacío. Todo parece una sinrazón y vienen las preguntas: ¿por qué? Y quizá las culpas.

Ahora solo se me ocurre decirte que llores. A veces el cúmulo de pensamientos, la rabia e incluso la confusión son tan grandes que nos olvidamos de llorar. Desata toda tu ira y deja descansar tu corazón. Quizá así sientas un poco de alivio.

Es como estar inmersa en un mar embravecido: eres zarandeada de un lado a otro, sin tiempo de reaccionar, de pensar. Es un remolino insoportable. Me viene ahora el pasaje del Evangelio en el que Pedro estaba en la barca, en medio del mar; parecía que se hundía. Pero hubo una mano, la mano de Jesús, que devolvía la calma. En esa tormenta en la que estás, Él está, sosteniéndote, llorando contigo.

Quiero acompañarte desde la presencia de Jesús, desde su humanidad y sentimientos, por eso te comparto el momento de la muerte de Lázaro en la Biblia. «Viéndola llorar Jesús y que también lloraban los judíos que la acompañaban, se conmovió interiormente, se turbó y dijo: ¿Dónde lo habéis puesto? Le responden: Señor, ven y lo verás. Jesús lloró (Jn 11,33-37).

La separación física de un ser querido es un desgarro difícil de explicar, pero llorar puede ayudarte a liberar el dolor, la rabia y la indignación que llevas dentro. Jesús también lloró. Él, que es el camino, la verdad y la vida.

Deja que el llanto te apacigüe y te serene. No voy a decir nada más; el llanto te consolará, porque sé que en esas lágrimas está el Señor.

Jesús también lloró. Estaba muy dolorido y turbado por la muerte de Lázaro. Eran sus amigos de Betania donde Jesús descansaba en intimidad.

Quizá ni esto te consuele en este momento. Todo es muy reciente.

¿He tenido experiencias de muerte cercana? Sí, la que más me marcó fue la de mi padre. También, de repente, se fue de viaje y no volvió. Ahí está la impotencia de la distancia, de no despedirse, impotencia de no ver su rostro dormido por última vez. Vienen palabras no dichas, silencios no rotos, culpabilidades, heridas. Te lo comparto porque quiero ayudarte a que abras la puerta del amor, de los recuerdos, no de lo guardado, de lo no dicho. Cerremos la ventana de los condicionales: "si yo", "si hubiese estado", "si no se hubiese marchado". No comprendemos, nos cerramos incluso a comprender, somos prisioneros de nuestra pena.

Desde mi fe, sé que tu vida está en manos de Dios. Él conoce tus días, aunque para ti sea un misterio. Pero qué difícil. Irma, no es el momento de que te convenza de nada, es el momento de procesar la separación, el vacío que ha dejado.

A veces te digo que hace falta tiempo para asimilar lo ocurrido, para aceptar que no volverás a verlo aquí, en este mundo. Pero vuelvo a insistir en algo: sigue vivo en tu corazón; su amor permanece en ti y el tuyo en él.

Carta de 4 de marzo

Querida Cris:
Gracias por recordarme que Jesús también lloró. Saber que Él no se aparta del sufrimiento, que se queda y llora conmigo, me ha dado un poco de descanso.

Hoy no entiendo mucho, pero siento que no estoy sola en mis lágrimas. Quizá no tenga respuestas, pero empiezo a confiar en que este llanto no es silencio, sino oración. Me quedo con esa imagen: Jesús sosteniéndome en silencio.

No entiendo nada. Me descubro cerrándome incluso a comprender. Como si este desgarro que siento me hubiera dejado atrapada, sin salida, prisionera de todo lo que duele. Solo sé que lo echo de menos. Que su ausencia es real. Que hay un antes y un después. Y que ahora mismo no sé cómo aprender a vivir con esto.

Pienso mucho en lo que no fue, en lo que no dije, en lo que no pude hacer. También me pesa no haberme despedido, no haber visto su rostro por última vez. Aparecen silencios que ahora pesan, palabras que ya no tienen lugar. Y también culpa, aunque no sepa muy bien por qué.

Desde que se fue, todo es muy confuso. Me vienen recuerdos, imágenes, gestos suyos que creía olvidados. A veces siento paz, otras una soledad muy grande.

En una ocasión, sentí la presencia de mi hermano. Por un instante me reconfortó, pero después dudé. No supe qué pensar. Me asustó incluso sentir algo así, como si no tuviera derecho a ello. Y esa duda se quedó conmigo.

Quizá ni siquiera lo que te escribo tenga sentido ahora. Todo es muy reciente y todavía me cuesta ordenar lo que siento. Hay momentos en los que el dolor lo ocupa todo.

Un abrazo lleno de cariño

Carta de 10 de marzo

Querida Irma:

He leído tu carta despacio. Lo que describes es profundamente humano: sentir algo y después dudar, recordar y a la vez asustarte. La duda no invalida el amor, ni invalida lo que has vivido.

Ahora mismo no es tiempo de comprender ni de ordenar nada. Es tiempo de atravesar este primer golpe, sin exigirte más de lo que puedes dar.

Me dices que sentiste la presencia de tu hermano, eso te reconfortó, pero al mismo tiempo dudaste. Como te comenté, dudar es normal; yo creo que tu hermano está y que, de algún modo, se te hace presente.

El amor es infinito, no muere. Y ese amor que guardas en tu corazón ahora se encuentra con el de tu hermano. Aunque estéis separados en el espacio y en el tiempo, permanecéis unidos en el tiempo de Dios.

Escribirte es mi pequeñito grano de arena para estar a tu lado. Solo una cosa: cuando puedas, vuelve a su mirada.

Es pronto, pero tu fe te sostiene, pese a tu enojo con Dios en algún momento, pese a echarle en cara a veces por qué se lo ha llevado; sé que son momentos puntuales y, después, vuelves a mirarle. Es normal, estás en un carrusel de emociones muy difíciles de superar.

«Puse en práctica tus consejos. Cuando viene a mí esa tristeza inmensa, de inmediato la alejo de mí. No le doy paso y mi pensamiento inmediato es la esperanza y confianza en la promesa de Dios de que mi hermano está con Él». Qué alegría me ha dado leer ese mensaje de WhatsApp. Mira, Irma, el dolor está, el duelo es un proceso, pero tenemos la fuerza de la fe, la mirada y la palabra de Jesús.

A veces solo hay dos movimientos posibles: quedarnos hundidas en nosotras mismas, en nuestra pena, en nuestra rabia y, por tanto, perdernos en ese mar enfurecido de nuestros sentimientos y pensamientos que nos hunden y anulan, o levantar —aunque sea un poco— la mirada hacia Jesús.

Sigue a Jesús, tu Señor; deja que te consuele y te abrace. No te pares; el reloj de la vida sigue, y de nuevo, aun con enorme tristeza, con la certeza de que tu hermano te espera.

No hace mucho, una amiga perdió a su madre; en la homilía, el sacerdote hablaba de ese amor eterno y del encuentro con Dios que la esperaba. Hubo algo que dijo que me tocó profundamente: que la Virgen y los ángeles venían a buscarla para que, arropada por ellos, fuese al encuentro con Jesús.

A ella le dio consuelo; a mí me llenó de alegría en medio de la tristeza, porque hablaba de esperanza: una esperanza real, anunciada por Jesús.

Recuerdo también que, cuando podía, hablaba con algún sacerdote conocido y siempre era la misma pregunta: Mi madre estará bien, ¿verdad?, ya está en el cielo. La respuesta siempre era la misma: «El amor de Dios es infinito, y la acoge con amor».

¿Qué es la muerte? Sin dejar el dolor y la ausencia que conlleva, miremos a la muerte como el tránsito a la vida eterna. Es una vida prometida de encuentro con Dios, de plenitud, del amor al que todos somos llamados. Quiero compartir contigo una experiencia que viví: no he visto el cielo propiamente, pero te aseguro que el Señor me regaló sentir el cielo como su amor infinito, como una luz indescriptible que me llenaba de alegría, de gozo y de paz.

Eso que vi me llenó de certeza sobre lo que Dios nos promete. Lo guardo en mi corazón y, en los momentos de tristeza, me consuela, porque me recuerda el destino al que todos estamos llamados.

Nada sustituye al duelo, pero puede aliviar la ansiedad que provoca la pérdida e infundir un pequeño suspiro de esperanza. En cualquier caso, nunca estamos preparados. Parece una contradicción, pero, aunque veamos la muerte cerca, no la aceptamos fácilmente ni sabemos vivirla con paz: esa paz que nace de creer en la resurrección. Sí, en la vida nueva que Cristo nos promete, también para ese ser querido.

Nunca podemos estar seguros de cómo afrontar ese momento cuando llega. Pero te digo, deja partir a esa persona que tanto amas. Acompáñala a seguir su camino hacia la eternidad, unámonos a ella: «No estás a mi lado, pero tu amor ahora es incluso más grande, tu presencia ahora ha cambiado y sigues estando conmigo. Sé que me encontraré contigo, sé que en el momento de mi partida vendrás a buscarme. Siento un gran desgarro, pero sé que estás con el Padre, en los brazos de Jesús».

Intenta cambiar de perspectiva; si tu alma ama, no dejes de amarte centrándote en lo que te estrangula. En medio de tu oscuridad, mira la luz de ese amor eterno, que a veces se ha percibido con colores indescriptibles, con una paz que embriaga. Amor prometido, amor sin límites.

Un abrazo y unidas en Cristo

Carta de 29 de marzo

Querida Cristina:

Son días difíciles; han sido muy duros para mí; siento una soledad inmensa que no sé cómo llenar. Me cuesta entender lo que ha pasado; todo parece irreal. A veces me siento perdida, como si el mundo siguiera sin mí. Tu apoyo significa mucho, aunque me cuesta pedir ayuda.

Gracias por estar cerca, aunque no siempre sepa cómo expresarlo. Saber que estás, que me escuchas, que me escribes y que me sostienes con tu oración es lo que me hace sentir tu cercanía.

Cada mañana es como empezar una escalada sabiendo que no hay cima. El mundo sigue girando, pero el mío se detuvo en aquel momento. Simplemente, no sé cómo respirar sin que duela este vacío a mi lado.

No voy a negarte que intento levantarme y ponerme en marcha, pero me cuesta mucho. Mis cartas no son largas, pero reflejan lo que siento por dentro.

Un abrazo, mi querida Cris.

Carta 5 de abril

Querida Irma:

Me animo a escribirte y contestar a tu carta, escrita con tanta sinceridad. La verdad es que, si pienso cómo nos hemos conocido, no dejo de ver la mano del Señor, y por eso sé que Él me guía para que te escriba.

Es Jesús quien quiere hablarte y consolarte.

Ya han pasado dos meses. Es una gota en medio de la vida, y evidentemente es poco tiempo. Claro que sí, son tiempos difíciles en los que todavía no has podido reaccionar a la pérdida. Creo que los primeros meses son de huida de uno mismo, de vivir desde el bloqueo de nuestra mente. Sí, realmente queremos aceptarlo, pero, al mismo tiempo, no somos conscientes de lo que está ocurriendo.

¿Cuántas veces dices: "Voy a llamarle, todavía no ha llegado"? Y es que, en medio del sinsentido que vives, todavía tienes esa esperanza de que no ha sucedido, de que volverás a verle.

De nuevo, Irma, solo puedo escucharte, leerte y decirte que te des tiempo. Continúa con la mirada en Jesús porque cada vez que te hundas, Él, si le dejas, vendrá a sacarte de ese pozo de oscuridad en el que caes.

¿Cuántos frentes abiertos, verdad? Comunicarlo a las personas; los recuerdos de felicidad que ahora se vuelven amargos. Decisiones sobre lo que quedó guardado: el WhatsApp con sus mensajes, las fotos que se acumulan, los proyectos compartidos que ahora se rompen, incluso las herencias. Y, en medio de todo, el silencio.

«No temas, porque yo estoy contigo; no te desalientes, porque yo soy tu Dios» (Is 41,10).

«Este es mi consuelo en medio del dolor: que tu promesa me da vida». Sal 119,50.

Quizá estas citas te reconforten en estos momentos en los que las dudas te asaltan.

Irma, simplemente entrega a Jesús todos esos pensamientos que te oprimen y encarcelan. Sobre todo, no estás sola, aunque te aísles, aunque te encierres en ti misma, aunque quieras desaparecer del mundo; no estás sola porque tu Dios está a tu lado.

Días difíciles, como bien dices, que te toca afrontar y también dejarte ayudar por los médicos. La medicina, la fe, el apoyo psicológico, un abrazo amigo, todo es necesario; así la oscuridad que sientes poco a poco será más llevadera.

Sigo orando por ti, y desde mi oración te acompaño, sabiendo que el Señor te sostiene y te da la fuerza.

Carta de 10 de abril Todo es soledad

Querida Cristina:

Me aferro a Dios, pero a veces incluso la fe se me escurre entre los dedos. Echo de menos a mi hermano en cada rincón, en cada instante. Tu cariño me sostiene más de lo que imaginas.

Fíjate que tengo a mis hijas a mi lado, hablo con ellas y también me sostienen, pero es como si no quisiera cargarlas con todo lo que llevo dentro.

Hablar mucho de cómo estoy también hace que me sienta egoísta, pero, por otro lado, si no saco lo que llevo dentro, me ahogo.

Gracias por estar, incluso cuando no sé cómo seguir.

Carta de 20 de abril

Querida Irma:

Te tengo constantemente en mi pensamiento y oración. Dices que te escriba y me pregunto tantas veces qué puedo compartirte, cómo puedo ayudarte a sobrellevar este dolor tan grande que ahora habita en tu corazón.

La respuesta que me daba Jesús es: «Simplemente se trata de estar, y que sienta tu cercanía, con tus palabras, con tu voz, con tu oración. Es estar, como yo estoy con ella y con todo el que sufre».

Al orar por ti, el Señor me ha dado dos palabras: soledad y vacío. Desde que se fue, todavía a veces imaginas que todo ha sido un mal sueño, que te gustaría despertarte e ir corriendo a abrazar a tu hermano que te espera. Pero despiertas, y eso no es real. Entonces todo se torna negro, y parece que la vida no tenga sentido. Te preguntas: «¿Por qué ha pasado?» Y no lo entiendes.

Irma, si en la oración me han venido estas palabras, es para que no te refugies en la soledad, porque entonces tu mente se llenará de pensamientos que te hacen daño.

Jesús es un oasis de amor y de paz para ti.

Veo cómo camina hacia ti, se acerca y te abraza. No dice nada, solo te ama con su abrazo; llora contigo porque sabe que duele.

Jesús te dice: «Mírame y deja que tu alma y tu corazón descansen en mi mirada. Yo te espero. Sé por lo que estás pasando, pero una cosa: no te dejes arrastrar por la desesperación».

El sufrimiento es real, pero no lo es todo. Con el tiempo puede ser acogido.

Tú tienes la gracia de la fe y, con ella, la esperanza de la vida eterna.

Todo tiene su tiempo, Irma; ahora cuesta mucho, pero te invito a volver la mirada a la Virgen, a María Magdalena y a Juan.

Los tres estaban en la cruz, a los pies de Cristo agonizante. Sentían un dolor profundo por la muerte de Jesús, como el que tú estás viviendo ahora.

Pero algo los mantenía en pie: la promesa que habían escuchado de Cristo, la certeza del cielo que nos espera y que Él quiere regalarnos.

Permanecían sin comprender, en medio de la desolación, sin ver más allá de lo que tenían ante sus ojos: la muerte.

Le pido al Señor que te dé la fuerza y la valentía para afrontarlo, que te haga sentir el amor inmenso que tiene por ti y, sobre todo, que te recuerde que no estás sola. Tienes derecho a enfadarte, a expresar tu rabia, y hasta Jesús te anima a hacerlo. De ese modo, poco a poco te irás liberando del dolor que llevas en el corazón. Él te sostiene.

Un abrazo en Cristo

Cristina

PARTE II · Desierto y primera caída

Cuando la pérdida se instala y solo la fe sostiene sin comprender.

Carta de 1 de mayo: Mi experiencia con mi padre y la presencia de Dios

Querida Irma:

Hoy te escribo para compartir mi experiencia ante el dolor de una pérdida. En mi caso fue la de mi padre, hace treinta y seis años, un día como hoy. Estaba delicado de salud, pero jamás pensamos que moriría con cincuenta y siete años, a punto de cumplir cincuenta y ocho.

Se fue de viaje por negocios y, al bajar del avión, sufrió un infarto y falleció. Yo no pude viajar para acompañarlo en sus últimos momentos. Me quedé en casa con mi abuelita, pegada al teléfono.

Lo trajeron a Valencia, pero no quise verlo muerto. Preferí guardar en mi corazón su rostro vivo y sonriente.

Se desató un torbellino de ideas: no entender por qué había pasado, no haber podido despedirme, no haberle dicho cuánto lo quería. Y así, una cadena de pensamientos que iban y volvían sin cesar durante meses.

Tuve muchos miedos que, con el tiempo, fueron desapareciendo: el sobresalto cada vez que sonaba el teléfono, porque lo asociaba con su muerte; el temor a dormir fuera de casa; la inquietud por el futuro y por cómo se restablecería nuestra economía.

En aquel tiempo todavía no me había encontrado con Jesús, y me habría gustado tenerlo a mi lado. Aunque, pensándolo bien, quizá sí estaba: no de forma consciente, pero en lo profundo de mi corazón, aun sin haber iniciado mi camino de fe, Él ya me sostenía.

Con los años he podido reconocer su mano en muchas ocasiones, y también la de mi padre.

En medio de este dolor y de este vacío sucedió algo que cambió algo en mí. Pasado un tiempo —no sé muy bien por qué— entré en una iglesia. En un momento le dije a Dios: «Estoy muy enfadada contigo; no sé por qué te has llevado a mi padre».

Como te digo, algo ocurrió, porque sentí que me dirigía a alguien vivo, a una presencia real que me decía: «No te preocupes, estoy a tu lado». Hoy puedo decir con claridad que me encontré con Dios Padre, y lo que me dijo se ha cumplido hasta hoy.

El dolor cuesta mucho de asumir, no se va en mucho tiempo, pero poco a poco se apacigua. Entonces comenzamos a ver a nuestro ser querido formando parte de nuestra vida desde otro lugar.

El duelo se va transformando cuando, poco a poco, dejamos atrás la ira, el enfado y las heridas que ha provocado la pérdida, y caminamos hacia la aceptación.

Irma, tienes derecho a enfadarte con Dios y lo maravilloso es que Dios respeta tu ira y, pese a tu enfado con Él, te sigue sosteniendo y sintiendo amor y piedad por ti. Muestra tu ira, pues es reflejo de haber amado y de haber perdido a un ser querido.

Poco a poco, ese volcán de sentimientos encontrados se calmará.

Con ánimo de haberte ayudado.

Un abrazo, Cristina.

Carta de 15 de mayo: Primera caída

Querida amiga:

Gracias por compartir tu testimonio. Me ayuda a comprender que es un proceso que tengo que pasar. Me siento reflejada en sentimientos o momentos que has vivido. Yo también siento cierta culpabilidad; siento que tenemos conversaciones pendientes.

Admiro tu entereza y me ayuda a seguir sin buscar responsabilidades, sin frustrarme por todo lo que tengo encerrado. Como dices, todo tiene que salir. Todo saldrá a su tiempo.

Ahora que me veía fuerte, he vuelto a caer en mi pena.

En este momento, tu carta llega directa del Señor; Él me habla a través de tus palabras.

Solo tengo gratitud hacia ti en mi corazón.

Gracias, querida hermana.

Carta de 22 de mayo

Querida Irma:

De nuevo un paso atrás. Irma, es normal: el golpe es tremendo porque el amor es grande. Hay días en que parece que te hundes y otros en que, por un instante, respiras. No permitas esos pensamientos que te vienen y te llevan precisamente al abismo. No lo permitas, no te estanques en lo que podrías haber hecho, en lo que dejaste de decirle o hacer. Deja que el tiempo haga su trabajo silencioso, y permítete recordar sin castigarte: los recuerdos no traicionan, sostienen. Nútrete de recuerdos de momentos felices vividos con tu hermano. Recuerda y llora.

Esas lágrimas seguirán purificando y sanando tu interior. En el camino de Emaús, los discípulos caminaban y Jesús se acercó a ellos. No lo reconocieron; sin embargo, mientras les hablaba, sus corazones ardían.

Intenta que también tu corazón arda de amor cuando hables de tu hermano. No te detengas solo en la ausencia ni en los pensamientos dolorosos. Deja que Dios llene tu mente y alimente tu corazón y tu alma.

Si reconoces esta primera caída que te lleva a la tristeza, al abandono de no querer ya nada, podrás afrontarla dejándote abrazar por Dios y por los que te rodean. Si te encierras en ti misma, en tu mente, entonces esa caída será más profunda. Deja que María, nuestra madre, te consuele.

Llora, pero sigue caminando; llora, pero levántate. Tal como estás ahora: con el sinsentido que sientes en tu vida, con tu soledad y con tu rabia. Todo eso es lícito, es real y, de algún modo, necesario para que poco a poco se restablezcan tu mente, tu corazón y tu vida.

Hablar de tu primera caída me lleva al viacrucis, a la primera caída de Jesús camino del Gólgota. Él cae por el dolor físico, pero también —estoy convencida— por el peso del sufrimiento interior. Tú ahora, en medio de tu dolor, también te has derrumbado.

Te invito a que te fijes en Jesús, que acudas a Él y le pidas: «Ayúdame a levantarme porque no puedo más. Ayúdame porque yo sola no puedo. Creo en ti, creo en tus palabras de vida eterna, pero hoy por hoy lo que siento es insoportable, todo me abruma. Te entrego mi pena, mi impotencia, mi enfado y mis dudas. Te las entrego totalmente porque mi desolación es tal que parece que he perdido mi rumbo. Ayúdame desde tu amor a levantarme y muéstrame el camino».

Irma, puede haber más caídas, permítetelo, pero levántate.

Un abrazo lleno de ánimo y de cariño

Cristina

Carta de 30 de mayo:
Me dicen que sea fuerte

Mi querida amiga:

Me siento triste, frustrada. Me dicen que sea fuerte y te aseguro que es el peor consejo que me pueden dar ahora. Más que tranquilizarme, me alteran, me dan ganas de decirles que me dejen en paz, que no comprenden nada.

A veces siento que me piden que cierre esta herida deprisa, como si el amor que le tuve tuviera que medirse por lo bien que disimulo. Pero yo no quiero disimular. Quiero respirar, aunque duela. Quiero recordar su voz, aunque me rompa. Quiero aceptar que hay días en los que no puedo con todo.

Y además… no sé ser fuerte si estoy rota. No puedo fingir cuando por dentro se me ha hundido el suelo. Ser "fuerte" sería ponerme una armadura sobre el duelo, apretar los dientes y sonreír para que nadie se incomode. Pero yo no quiero una armadura: quiero permiso para llorar, para temblar, para quedarme en silencio sin que me empujen a "salir adelante", como si la pena fuese un fallo.

Y te confieso algo que me arde por dentro: no sé por qué algunas personas, en lugar de acompañar, sueltan consejos que irritan y hieren. Lo hacen por bien, pero a mí, ahora, no me ayudan. Me pesan. Me dejan más sola. Por eso te lo comparto a ti: porque contigo no necesito fingir, y porque me llenas de paz con tus palabras.

Sabes, no quiero ser fuerte, quiero llorar hasta secarme, llorar hasta estar rota porque así me siento. No quiero ser fuerte porque no sé, porque no puedo.

Carta de 5 de junio

Hola de nuevo, Irma:

Comprendo tu rabia ante esas palabras.

Jesús, al contrario, no te quiere fuerte por ti misma, sino sostenida en tu debilidad. Vivir el duelo es necesario para poder atravesarlo; si te resistes, terminará por ahogarte.

Jesús nos dice: «Venid a mí los que estáis cansados y agobiados, y yo os daré descanso».

Nos llama en medio del sufrimiento para que, desde su corazón y su amor, podamos sostenerlo.

No te cierres a esos sentimientos que te desbordan.

Ser fuerte muchas veces es huir de la situación, es disfrazarlo con otras actividades. Al fin y al cabo es disfrazarlo. Pero eso no lo quita ni hace que desaparezca, por eso Jesús te llama para que te sumerjas en tu pena, para que vivas este momento, pero no con tus fuerzas, sino desde su amor. Rendida al sufrimiento desde los brazos de Jesús, te habrás fortalecido. Entonces la paz estará en el centro de tu herida; esta no desaparece, duele, pero lo estarás afrontando consciente y comenzarás a dar sentido a la pérdida y a llorar con amor a tu hermano.

Te escribo con cariño y le pido al Espíritu Santo que ponga en mi mente las palabras que necesitas escuchar. El consuelo que yo pueda darte no tendría sentido si no viniese desde el amor de Dios. Puedo llorar contigo, pero mis lágrimas no sustituyen las tuyas ni apaciguan tu pena. Es a ti a quien toca vivirlo y yo, desde la oración, te acompaño.

Hay algo que siento del Señor: no reprimas tus sentimientos, no los escondas. Cuanto más los expreses, cuanto más los grites, tu corazón anestesiado volverá a latir, herido aún, pero abierto a la esperanza.

Corazón y mente heridos, pero respirando desde Jesús y aceptando lo que sabemos: la vida eterna. Te comparto una reflexión del Papa Francisco que he leído y creo que te confirma lo que el Señor ha puesto en mi corazón en esta carta:

«En efecto, no hay peor cosa que acallar el dolor, silenciar el sufrimiento, eliminar el trauma sin afrontarlo, como a menudo nos induce a hacer nuestro mundo con las prisas y el aturdimiento. La pregunta que se eleva a Dios como un grito, en cambio, es saludable. Es oración. Si obliga a excavar en un recuerdo doloroso y a llorar la pérdida, se convierte al mismo tiempo en el primer paso de la invocación y abre a recibir el consuelo y la paz interior que el Señor no deja de dar».

Irma, este es el camino para recuperar esa paz que has perdido; ve con Jesús, habla con Él, descansa en su corazón.

En cuanto a ser fuerte, me viene a la mente San Agustín y su sufrimiento tras la muerte de su madre. Desesperación intensa y, al mismo tiempo, una batalla contra sí mismo: el desgarro y el llanto que él veía como debilidad. Eran sentimientos carnales y se culpabilizaba por sentirlos y querer expresarlos. Aquí te dejo algo que escribió al respecto en sus confesiones y te ayudará:

«Así, viendo yo que quedaba desamparado de tan grande consuelo como de ella recibía, mi alma estaba traspasada del dolor y pena, y parece que mi vida se despedazaba, pues la mía y la suya no hacían más que una sola [...] Pero bien llegaban a vuestros oídos las interiores voces de mi alma, con que yo me reprendía a mí mismo la debilidad y poca fortaleza de mi afecto, aunque los circunstantes no pudiesen oírlas. También delante de Vos comprimía el ímpetu de mi tristeza, la que, cesando por brevísimo tiempo, volvía a prevalecer y apoderarse de mi corazón».

Si te he compartido esto de San Agustín, es porque fíjate el sufrimiento que tuvo, tanto por la muerte de su madre como por reprimir sus sentimientos. Solo cuando lloró, dejando rienda suelta a sus lágrimas, descansó. Era una lucha muy dura. A pesar de ello, procuraba orientar su espíritu hacia Dios y no hacia el afecto humano; pero la pena la abrumaba. No llorar era luchar contra sus sentimientos por el gran amor que tenía a su madre.

«Y no pudiendo reprimir el sentimiento de verme privado de ella repentinamente, me dio gana de llorar delante de Vos por ella y por mí; tomando motivos para llorar de su proceder y el mío. Así solté el dique a mis lágrimas, que hasta entonces tenía represadas, dejándolas correr cuanto quisiesen, hasta que nadase y descansase mi corazón en ellas; como efectivamente descanso por ser Vos el único testigo que había de mi llanto, no habiendo allí persona humana que diese a mis lágrimas alguna interpretación vana y siniestra».

Solo cuando lloró, su alma encontró descanso. Comprendió que el llanto era algo natural: un signo de la profundidad del amor y del dolor que sentía por su madre.

Irma, ser fuerte es también demostrar tus sentimientos porque es una demostración de amor y, como has visto, las lágrimas no secan el alma, sino que la liberan.

Tú eres la única que puede reconocer la dimensión de tu pérdida. Solo tú conoces lo que compartisteis; es inmensa la soledad que sientes y que nubla tu futuro.. Te encuentras a solas con la pérdida. Solo tú puedes valorar de forma completa la profundidad de la relación que ha terminado.

Así como san Agustín quiso luchar contra lo que sentía y no encontró paz hasta que lloró, yo te digo: busca tu propio camino para encontrar descanso.

Irma, mi corazón te abraza con cariño.

Carta de 11 de junio

Mi querida Cris:

No puedo más; esto es insoportable. Todo son recuerdos de mi hermano, todo me habla de él. Me gustaría huir, pero no puedo. Estoy con médicos, pero mi cuerpo no responde, mi mente tampoco y qué decir de mi corazón. Pongo de mi parte, pero de repente caigo en un torbellino que me engulle y me traga. Todo son pensamientos de una tristeza que me ahoga. Ya no está, esa es la verdad, esa es la realidad. Me pregunto por la vida, por la realidad, me pregunto qué es la felicidad o, más bien, cómo volver a ser feliz.

No sé, todo es raro, incierto.

Carta de 19 de junio

Querida Irma:

De nuevo quiero leerte y acercarme a tu corazón.

Me viene al corazón una frase que quiero compartir contigo: tu corazón en la esperanza.

Veo los árboles aquí donde estoy; sus ramas se mueven suavemente con el viento. Es un soplo ligero que acompaña su balanceo. Mientras lo observo y dejo que ese aire también me alcance, siento que el Señor te invita a cerrar los ojos y a dejar que ese aire fresco entre en tu corazón.

Ese viento mueve tu cabello, acaricia tu rostro y, poco a poco, abre la puerta de tu interior. En este momento, desde la paz que me rodea, me uno a ti para que también tú puedas recibir esa paz.

Es el Espíritu Santo quien suavemente te envuelve y quiere calmar tu corazón, tu espíritu, tus pensamientos; de esta forma, si te abandonas, podrás desde tu tristeza sentir la presencia de Dios. No puedo ni vivir ni describir tu dolor porque ya te he dicho que es propio de cada persona, pero sí te digo que lo vivas con paz. Poco a poco, todo recobrará su sitio.

Estos días oraba y le pedía al Señor que me regalase citas bíblicas para acompañarte en este camino y sobre todo para mirar el futuro con esperanza. Sé que quizá ahora ni quieras leerlas, pero te aseguro que resonarán en tu corazón en algún momento y volverás a ellas porque te alimentarán la esperanza. Estoy convencida de ello.

Hay pasajes de la Biblia que llenan de esperanza; te comparto alguno:

«En la casa de mi Padre hay muchas mansiones; si no, os lo habría dicho; porque voy a prepararos un lugar. Y cuando haya ido y os haya preparado un lugar, volveré y os tomaré conmigo, para que donde esté yo estéis también vosotros» (Jn 14,1–3). Qué bello, lloras la pérdida, pero esta cita nos asegura que nuestros seres queridos ya están en casa, en la presencia del Padre, esperando un feliz reencuentro.

«Y enjugará Dios toda lágrima de los ojos de ellos; y ya no habrá más muerte, ni habrá más llanto, ni clamor ni dolor, porque lo primero ha desaparecido» (Ap 21,4).

Ahora estás en un mar de lágrimas y de tristeza; sin embargo, estas citas abren a la esperanza, porque anuncian un futuro sin lágrimas ni muerte y nos conducen a un encuentro pleno y definitivo.

Si las lees y las acoges, encontrarás en ellas una fuente de fortaleza en estos momentos.

No lo olvides: la separación de nuestros seres queridos es solo temporal.

Nos espera una vida de alegría y comunión eterna.

Recuerda la promesa del paraíso de Jesús al ladrón arrepentido: «Te aseguro que hoy estarás conmigo en el Paraíso» (Lc 23,43). Jesús promete el paraíso.

Él, en la cruz, agonizando, sin fuerzas, viviendo un dolor espantoso —una muerte ignominiosa por nosotros— vuelve la mirada hacia ese ladrón, escucha su súplica y responde: «Estarás conmigo en el paraíso».

No sabes la fuerza que me da contemplarlo en la cruz y escuchar su palabra. Amor infinito, misericordia sin límites. Y nos espera.

Siempre nos espera. Nos promete su compañía eterna en el paraíso si creemos en Él.

Así lo expresa la primera carta de san Juan: «Dios nos ha dado vida eterna y esta vida está en su Hijo» (1 Jn 5,11).

Morir, visto desde la fe, es pasar con nuestro espíritu a la vida eterna, donde nos encontraremos con Cristo.

En la vida atravesamos momentos de luz y de sombra; pidamos al Espíritu Santo afrontarlos con alegría y confianza. Una alegría que nace de sabernos hijos de Dios y profundamente amados por Él.

Dejar tu vida en sus manos es un aprendizaje. Es el camino que nos conduce, paso a paso, al encuentro con Cristo.

La fe nos sostiene, porque creer en Cristo es creer en su Resurrección y en la vida que continúa más allá de la muerte. Él nos recibirá con los brazos abiertos para darnos el amor que nos ha prometido.

Un amor eterno que es tan inmenso que no lo podemos describir. Y cuando uno se marcha, es porque el Señor lo ha llamado. Aunque nos cueste aceptarlo, es porque, a los ojos del Señor, es su momento.

Irma, tus criterios y juicios no son válidos porque siempre prevalece el amor humano y el cariño, y así es imposible asumir la muerte. Desde tu fe, sin embargo, el desgarro que produce la separación se atenúa con el amor de Cristo porque, Irma, tienes la certeza de que Cristo acoge a nuestros seres queridos.

Jesús te invita a no tener miedo. Estás con lágrimas, con tristeza, pero la esperanza te mantiene, porque sabes que la muerte no es el fin, sino el comienzo de nuestra resurrección en la vida eterna.. Y en los momentos de desesperación, deja que la Palabra del Señor actúe en ti, hazla tuya: «Yo soy el camino; el que me sigue no camina en tinieblas, sino que tendrá la luz de la vida» (Jn 8,12).

Aférrate a esta palabra porque Dios no miente.

Sin la fe, la muerte es el fin, todo se acaba y, por tanto, vamos a la oscuridad. Pero la certeza de la palabra de Dios es la esperanza de vida, como dice San Pablo en la carta a Timoteo 1, 1-2. No obstante, el luto es necesario.

Hemos sido creados para la eternidad. La muerte no es el fin, sino el inicio de la vida eterna. Los grandes santos han esperado ese momento y con la certeza absoluta de encontrarse con aquel que han anhelado toda su vida.

Tu misión ahora es orar por tu hermano que ya se ha ido al encuentro con el Señor.

Quiero acabar con una oración:

«Señor Jesús, te presentamos el dolor que sentimos por los seres queridos que ya no están con nosotros. Sostennos en nuestra tristeza.

Te pedimos por ellos: acoge sus almas y cúbrelas con tu amor.

En este camino que han emprendido hacia ti, que los envuelva la luz y la paz de tu reino.

Y que puedan gozar eternamente de tu presencia».

Irma, si tu corazón ha encontrado descanso mientras me leías, entonces todo ha merecido la pena. Ya sabes, ten siempre la mirada en Jesús.

Un abrazo lleno de cariño

Carta de 25 de junio

Mi querida amiga:

Tú me sostienes con tus oraciones. ¡Estoy en un desierto! Tengo que poner más de mi parte para sanar y seguir adelante, pero es tan difícil. Me pregunto cómo salir de este desierto, cómo salir de este caos que siento.

Desde entonces, el desierto se ha vuelto más árido, muchas veces casi insostenible. No hay palabras que alcancen a nombrar esta ausencia.

Me despierto con el peso de su silencio, como si el mundo hubiera perdido un color que solo él sabía pintar, un color que solo venía de él.

Me aferro a tus oraciones porque son un hilo que me sostiene en esta caída lenta.

Carta de 2 de julio

Mi querida Irma:

Gracias por decirme que mis oraciones te acompañan en este momento tan duro. Saber que mis oraciones te alcanzan en medio de tanta oscuridad me impulsa a seguir intercediendo por ti.

Toda oración me parece poca, y aunque no puedo vivir tu sufrimiento, sí que me uno a ti. No es mi misión darte consejos sobre cómo vivir estos momentos, pero sí que es mi misión llevarte al corazón de Jesús.

La fe ayuda a enfrentar el duelo. Aunque más bien es comprender que es un proceso, un camino personal a atravesar por uno mismo. Nadie a quien se le preguntase podría afirmar o saber, de forma segura, cómo reaccionaría ante una pérdida dolorosa. Por eso, se trata de acompañar, de escuchar y, por supuesto, orar.

Me viene a la mente una conversación que tuve con una mujer de unos 26 años. Un día, mientras hablábamos de trabajo, me abrió su corazón. Quizá porque sabía que yo era creyente.

Tenía curiosidad con mi persona, creo que por mi fe. Lo que me compartió fue duro. Su hermano de 11 años se murió en sus brazos teniendo ella unos 18. Ella creció sin su padre y la relación con su madre era complicada.

Le dije que lo sentía; ella me confesó que después de este suceso dejó de creer en Dios. Era comprensible.

El Dios al que ella había orado y en el que creía lo sintió ausente durante su adolescencia y su juventud, sobre todo tras la muerte de su hermano.

Le dije: «Comprendo tu dolor y tu rabia, pero estoy segura de que Dios estaba contigo en ese momento, llorando a tu lado. También estuvo presente en aquellos años de tu infancia y juventud en los que tanto sufriste. Y hoy sigue caminando contigo. Quizá ahora no lo sientas como consuelo, pero Él te sostuvo en el duelo por la muerte de tu hermano, una pérdida que todavía no comprendes. Te acompañó en las noches de soledad y desesperación. Con el tiempo podrás ver cómo te ha ido conduciendo hacia la sanación de tus heridas. Mírate ahora: podrías no estar aquí después de tantos pensamientos suicidas que atravesaste».

Entonces me habló de su deseo de ser madre, aunque era casi imposible por los problemas ginecológicos que sufría. Sin pensarlo, le dije que iba a orar por ella, porque es hija de Dios y Él conoce el anhelo profundo de su corazón. Terminé recordándole que para Dios nada es imposible.

De aquel encuentro sucedieron dos cosas. La primera, que pudo hablar de su hermano y del dolor que llevaba dentro. En el fondo, su fe no estaba perdida; había algo en ella que la seguía llamando a confiar y a volver a Dios.

Se acercó a mí —y estoy convencida de que no fue casualidad—. A través de esa conversación pudo expresar su sufrimiento y compartir una herida muy profunda que llevaba en su interior.

Aunque yo era casi una desconocida, el Señor se valió de mí y de mi fe para encender una pequeña luz en medio de su oscuridad. La segunda cosa que le movió el Señor fue que me compartiese ese pesar de no poder ser madre.

Le hice ver que era hija de Dios, que Él la protegía y la cuidaba; que la oración tiene poder y que yo iba a orar por esa intención, para que, en el nombre de Jesús, todo se restaurase y pudiera quedarse embarazada.

No sé qué pasó entonces por su mente ni qué sintió en su interior, pero, aun sin reconocerlo del todo, agradeció mi oración y volvió a abrir un poco la puerta de su corazón a Jesús.

Han pasado dos años desde esa conversación; desde entonces, cada vez que la veía por cuestiones de trabajo, siempre le iba diciendo lo mismo: «Sigo orando por ti». Hace cuatro meses, la vi y le di la enhorabuena porque era palpable que estaba embarazada. Ella no me había dicho nada; creo que le costaba dar su brazo a torcer, en el sentido de la fuerza de la oración y la presencia de Dios, pero con su mirada, me daba las gracias.

¿Por qué te cuento esto? Porque creo que a veces el Señor pone ángeles en nuestro camino o en los demás. Somos pequeños ángeles de Dios, para romper corazas, para que a través de nosotros se abra en otra persona todo lo que estaba cerrado y no dejaba entrar el amor de Dios.

Trasladado a nuestra amistad, también veo cómo el Señor nos ha unido y cómo me ha puesto en tu camino. Yo era para ti una completa desconocida, y sin embargo te llegaban —a través de otra persona— pequeñas reflexiones diarias sobre el amor de Dios (Mainminute, Regálate un minuto). Oré por ti, quise hablar contigo porque así obedecía a Jesús.

Nos vimos las caras por videollamada y te aseguro que vernos fue como confirmar una unión en Cristo donde no había distancia, ni espacio, solo se respiraba el amor de Dios, el consuelo de Dios. Cada una en un país, y a miles de kilómetros de distancia, pero en un mismo sentir. No sé si algún día podré darte ese abrazo que te envío en cada carta, que te doy en cada oración.

Hoy te invito a cerrar los ojos e imaginar que estamos juntas, paseando por la orilla del mar, paseando por senderos en medio de la montaña. En estos paseos, estamos disfrutando de la naturaleza, y te comparto esa presencia de Dios que siento en cada paso, en cada árbol, en cada ola, en cada pájaro. Jesús pasea con nosotras, está a nuestro lado.

Se acerca a ti y te abraza. Desprende una inmensa luz. Con su abrazo te muestra la eternidad que ya estabas disfrutando: ese mar infinito, ese cielo de color indescriptible y esa naturaleza impregnada de la grandeza de la creación. El soplo de su Espíritu Santo viene suave sobre tu rostro y te susurra al oído: te amo, no estás sola; en esta grandeza, en esta belleza que contemplas, está también el corazón de tu hermano.

En esta paz y libertad que estás sintiendo ahora, siente mi presencia; yo te llevo, te muestro el camino para avanzar desde la herida, pero sin anclarte de tal manera que te invalide, y confía en mi palabra, en mis promesas.

Esto es real, como la presencia eterna de tu hermano.

Volviendo a lo que me has escrito —«tengo que poner de mi parte»—, solo quiero decirte que, más que esforzarte, vuelve a ese paseo que hemos dado y abandónate a lo que el Señor te regala. Después, guárdalo en tu corazón.

Eso es lo que verdaderamente depende de ti: cuando sientas que la vida se te escapa o que deseas huir de ella, detente. Regresa a ese paseo, de la mano de Jesús.

Irma, le sigo pidiendo a nuestro Señor Jesús que te muestre su dulce amor y que siga abrazándote con especial ternura en estos momentos.

También en mis oraciones te presento a nuestra Madre, para que te proteja bajo su manto. Que con su amor de madre apacigüe tu dolor y que puedas reconocer su mirada en medio de este pozo oscuro en el que te sientes atrapada.

Comprendo el desierto que estás viviendo. Forma parte del momento, del duelo, de ese tránsito hacia tu recuperación. Es un desierto que atraviesas, pero no es un vacío, porque, te vuelvo a decir: Jesús está a tu lado.

No importa que no lo veas. No importa que lo sientas inexistente. Lo importante es que perseveres en la fe, sabiendo que te lleva en sus brazos.

Solo así verás luz. Agua que beber. Roca donde descansar.

Tu desierto también es el mío, porque me duele verte así. Son cruces de ideas que ahogan y desmoronan, pero recuerda que Dios está a tu lado. Entrégale tu peso, tu desasosiego y tu desesperanza para que, poco a poco, vaya reconstruyendo tu corazón.

Bendito y alabado seas por siempre, Señor. Sí, por lo que estás haciendo en Irma, por ir poco a poco transformando su corazón. Por esa pequeña luz de esperanza que le estás regalando hoy.

Irma, seguimos unidas en Cristo

Un abrazo lleno de cariño.

Carta de 9 de julio

Querida Cristina:

Vivo el día a día y mis emociones van como una espiral. Por momentos siento que avanzo hacia la normalidad, pero de repente los recuerdos llegan en cascada y me aferro a ese momento trágico. A veces, sin comprender, acepto lo que pasa; pero de repente, sin poder controlarlo, me asaltan arrebatos de angustia que me consumen y me desbordan. El sufrimiento me sobrepasa. Intento seguir, intento sostenerme en lo cotidiano, pero por dentro siento que todo se derrumba.

Me esfuerzo por no desesperarme, por no rendirme, pero hay momentos en los que solo puedo decir: «Señor, esto me supera, ayúdame», y quedarme ahí, esperando que Él me sostenga aunque yo no pueda sostenerme.

Le pido mucho a San José y María que no me suelten de su mano.

Cristina, lo intento, oro, miro a Jesús, quiero descansar en Él.

Carta de 16 de julio

Querida Irma:

En la distancia, pero con nuestras almas unidas, pedimos a la Virgen del Carmen que se haga presente de forma especial en tu día. Le tengo una devoción muy especial a esta advocación de nuestra Madre.

La imagen de María —en la Virgen del Carmen, Stella Maris— aparece como luz y estrella para quien navega en medio de la incertidumbre: una claridad que orienta el rumbo y conduce al puerto seguro, que es Cristo. Así, la vida cristiana se entiende como peregrinación, iluminada por esa guía discreta que sostiene el paso hasta el encuentro definitivo con Él, en la muerte y la resurrección.

Le pido a nuestra Madre que, en medio de tu dolor, de la sequía y de la soledad que atraviesas, sea tu aliento y el abrazo dulce que te sostiene y te guía con paciencia. Si lloras, llora con ella; si te desesperas, acude a ella, que es como un rocío suave que comprende y consuela.

De nuevo te digo que sigas viviendo este proceso, pero anclada en el amor de María y con la mirada en Jesús. Tu fe es un tesoro que nos aviva, que nos permite ser fuertes en medio de la tempestad, que nos llena de paz y luz en la oscuridad. La fe riega nuestra soledad y permite que sigamos levantados porque, sin ver, tenemos la certeza de que Jesús vive, que nos lleva y también de su promesa de vida eterna.

Me dices que te vienen recuerdos. Si te ayudasen a recordar a tu hermano con paz, no está mal, pero si te perturban y lo que intentan es modificar los hechos, es llenarte de condicionales para convencerte de que se podía haber hecho algo… entonces apártalos. Es duro, pero tu hermano ya no está. Los recuerdos no son para vivir anclada al pasado y huir del presente que ahora no comprendes ni quieres. Tampoco permitas que te lleven a ver el futuro con desesperanza y desánimo.

Tus recuerdos pueden ayudarte a amar más a tu hermano, a mantenerlo cerca de tu corazón. No está presente físicamente, pero en tu memoria sigue viviendo.

Carta de 20 de julio

Querida amiga:

A través de ti siento cómo Dios me sostiene entre sus brazos. No porque el sufrimiento desaparezca, sino porque ya no estoy sola dentro de él. Cuando sostienes mi silencio, algo en mí descansa: como si el cielo me recordara que también en la herida hay cuidado.

He perdido a mi hermano y, a veces, todo se vuelve extraño: la casa, los días, incluso mi propio interior. Pero en tu presencia descubro una verdad sencilla: Dios no se ha ido. Se acerca con ternura, con una delicadeza que no me exige ser fuerte.

Y si hoy solo puedo llorar, que así sea: también mis lágrimas, junto a ti, se convierten en oración.

Carta de 24 de julio

De nuevo te escribo, Irma:

Me alegra que Dios te abrace y, sobre todo, que lo sientas fuerte a tu lado. Sigo intentando transmitirte un poco de paz, llenar tu alma de descanso y de esa pequeña luz que asoma en medio de tu oscuridad.

¡Qué grande es el Señor que permite que, a través de una mujer casi desconocida, que soy yo, sientas su abrazo! Hay tantas personas por las que rezo y que no conozco, personas de otros países y continentes. Bien sabe Dios que me gustaría algún día conoceros, pero también me hace comprender que el cariño y el amor en Él no tienen espacio, ni fronteras, ni tiempo ni límites. Llega por encima de todo tiempo y lugar y, a través de Él, se nutre, nos une, nos hace vivir en comunión.

A veces imagino encuentros llenos de alegría, de lágrimas y de abrazos; pero, por ahora, te los ofrezco a través de mi oración. En cuanto a los planes del Señor, Él mismo nos los irá mostrando, porque para Él nada es imposible.

Hay algo que me llena de gozo: saber que, a través de mí, puedes sentir el abrazo de Dios. Eso significa que estás abierta a escucharlo, que deseas vivir tu duelo con paz: sin huir, sin rechazarlo, sin dejarte arrastrar por la ira o la rabia.

Así, poco a poco, te vas llenando del soplo de su amor. No quieres rendirte, no quieres quedarte caída, y eso es muy bueno. Por eso doy gracias al Señor.

Le pido que me inspire palabras capaces de suavizar tu herida, esa herida que ahora sangra por lo que estás viviendo. Pero sabes que esa sangre puede convertirse en sanación, en restauración y en vida nueva desde el costado abierto de Jesús.

De ese costado traspasado brotaron agua y sangre: sanación y perdón para todos.

Ese costado sufriente, que ahora se une a tu corazón herido, te recordará que, unida a Él, tu fe te dará vida. Entonces comprenderás que no estás sola y que tu hermano goza ya del amor eterno, de la alegría del paraíso, de la nueva Jerusalén.

En esta segunda caída te acompaño; me gustaría embriagarte con el perfume del cariño, perfume que se respira y entra en lo más profundo de tu corazón, de tu ser, y al respirarlo te devuelve el ánimo para levantarte y seguir firme.

PARTE III

La presencia que sostiene

Silencios, Adoración y consuelo:
la herida se vuelve oración.

Carta de 30 de julio

Mi querida Cristina:

Hoy te escribo con el corazón lleno de alegría.

¡Qué bien verte por videollamada y cuánto me llenó de paz tu oración!

Cristina, percibí tu cercanía, sentí tu abrazo. Aunque nos separa mucha distancia, comprendí que el amor de Dios nos envolvía. Tus palabras y tu oración fueron un verdadero bálsamo para mi alma.

Dentro de mí brotó una paz profunda, la paz que tanto necesitaba, la que sana y restaura por dentro. Sentí que mi interior se reconstruía mientras orábamos.

Y, además, en ese momento me diste luz para afrontar esas situaciones que me abrumaban y me pesaban.

Querida Cris, siempre te estaré agradecida.

Carta de 5 de agosto

Mi querida amiga:

Para mí también fue una alegría poder vernos las caras. Evidentemente, tu rostro era triste, pero me mostró fortaleza, entereza. Mientras pasaba el tiempo, daba gracias al Señor porque tus facciones cambiaban, y podías esbozar una sonrisa. Era el Espíritu Santo quien estaba en medio, quien llevaba esa conversación para apaciguar tu tristeza.

Le doy gracias al Señor porque, pese a la diferencia horaria, pudimos conectarnos. Mientras oraba por ti, sentía como ese volcán en erupción que es ahora tu interior se apaciguaba, se llenaba de paz. Era esa paz que Dios quiere regalarte y desde ella, te invita a vivir estos momentos.

Es tan poderosa la oración, y en nuestro caso, así lo fue: reunión en comunión, escuchando lo que el Espíritu Santo susurraba a nuestros oídos mientras derramaba su paz y su luz amorosa. Irma, ahora somos almas unidas en el amor de Dios para seguir creciendo hacia Él en cualquier momento de nuestra vida y superando toda caída.

Tras nuestro encuentro, le pedí al Señor que te regalase tiempos de oración: momentos de intimidad con Jesús, de confianza en el Padre, de abandono en sus manos. De esta forma permaneces bien aferrada a Dios y protegida de esos pensamientos que van y vienen, intentando robarte la paz y sembrar desolación.

Orar sin cesar: eso nos enseñó Jesús. Orar es abandonarse, es fiarse de Dios y descansar en Él con la certeza de que nos sostiene. Cuando te sientes perdida, hundida y sin ánimo, ¿a dónde puedes acudir para recobrar la confianza? ¿Dónde encontrar descanso con la seguridad de que serás consolada?

Sin duda, en la oración perseverante. A través de ella permaneces protegida y abrazada por el Padre. Entonces el miedo se disipa, porque el santo temor de Dios es amor: una certeza que fortalece el corazón en medio de la prueba y abre el alma a la paz profunda de saberse siempre en su presencia.

Jesús te invita a seguir orando. Él está siempre contigo: presente en tu corazón, en tu vida cotidiana, entregándose a ti y llenándote de su amor en la Eucaristía.

Acude a la Eucaristía siempre que puedas y, tras comulgar, pon la mano sobre tu corazón y simplemente dale gracias y alábalo. Sí, bendícelo y alábalo con toda tu alma, todo tu corazón y tu mente. Sin decir nada más, si así ocurre, llora. Porque, como nos dijo Jesús en el sermón de la montaña: «Bienaventurados los que lloran, porque serán consolados». No reprimas tus lágrimas.

En la videollamada me compartías esos sentimientos desbordados que a veces te toman por dentro y te descentran: estar al borde de un ataque de ira o sentirte triste por todo. Cuánto daño provocan estos cambios, estos estados de ánimo que irrumpen y, sin pedir permiso, lo arrasan todo.

Se sufren... y llegan sin que puedas controlarlos. Y qué difícil es, además, que quienes rodean a la persona que los vive puedan comprenderlos. ¿Cómo van a entenderlo del todo, Irma, si ni tú misma alcanzas a comprenderlo siempre?

Dale salida a lo que llevas dentro: permite que aflore todo sin miedo y sin vergüenza. En momentos como el que estás atravesando, es frecuente pasar de estar "bien" a hundirse en cuestión de segundos, sin aviso previo, sin señales claras.

Y hay algo importante —no lo digo yo, lo señalan profesionales especializados—: si nunca nos acercáramos al dolor ni nos permitiéramos atravesarlo, tampoco encontraríamos la fuerza necesaria para abrir camino, poco a poco, a la paz en medio de la pérdida.

Oro para que seas comprensiva contigo misma.

Te abrazo con cariño

Carta de 11 de agosto

Te escribo de nuevo, Cris:

Con pocas palabras, escribirte me ayuda a sacar lo que guardo en el corazón.

La verdad es que estoy mal, pero atendida; la depresión y mis ataques de ansiedad y pánico me dan en cualquier momento. Estoy en manos de Dios y cada día le ofrezco este sufrimiento. Una vez ya logré salir adelante y, si es su voluntad, lo volveré a hacer. Pero el vacío que siento a veces me ahoga.

Intento no dejarme vencer por la tristeza ni por la soledad.

Lo intento, pero a veces es como caer en un pozo oscuro.

Por favor, tenme presente en tus oraciones. Te abrazo a distancia.

Carta de 16 de agosto

Querida Irma:

Como siempre unidas en la oración, almas en comunión y siempre buscando el amor de nuestro Señor.

Que reconozcas que estás mal, que reconozcas que tienes depresión, pero sobre todo compartirme que estás atendida, me llena de esperanza. ¿Por qué? Porque después de lo que he estado leyendo para comprenderte, para ayudarte y acompañarte, sé que es una fase del duelo y es necesaria para tu sanación.

El duelo tiene varias etapas, y ahora te encuentras en un momento especialmente intenso, desde el cual poco a poco volverás a abrirte a una vida nueva, sostenida por la esperanza.

Que hayas acudido al médico para recibir ayuda también es una muy buena noticia. Significa reconocer tu necesidad y, sobre todo, el deseo de avanzar y de sanar.

Ahora comenzarás a reconstruirte desde la nada. Hoy el Espíritu Santo me lleva a hablarte del vacío, porque así se siente muchas veces la depresión. Es encontrarse con la muerte, con el dolor y con el hueco que deja en la vida quien ya no está.

Ese vacío puede secar el corazón y el alma si se alimenta continuamente con pensamientos que lo agrandan. Cuando se deja arraigar dentro de nosotros, se transforma en una herida profunda que puede acompañarnos durante mucho tiempo.

No hace mucho tiempo, hablando con una amiga, me decía que su madre murió teniendo ella 14 años, y yo sentía que todavía había algo que le hacía daño, algo que no había superado. Mientras te escribo, el Señor me ha mostrado que todo nació de una herida no sanada, una ausencia que ella no supo comprender y de la que huyó. Por eso, en su vida hay una hoja arrancada. Pero en su subconsciente esa hoja está intacta, con todo el tremendo dolor de ese momento vivido en su niñez.

Quizá, cuando nos aislamos en momentos traumáticos, y que no aceptamos, se producen patrones de defensa que nos marcan. Son heridas ya secas, pero todavía hirientes. Nuestra alma las tiene latentes.

Te lo cuento porque tienes una oportunidad ahora, tal como estás, caída. No arranques esta hoja de tu vida, y vive sin encerrarte en ese vacío, sino comprendiéndole, dentro de lo posible, y de nuevo, desde el amor de Jesús.

Le pido al Señor que te proteja de tus pensamientos y que le permitas entrar en ese vacío para que, en esta nueva realidad, lo llene con su amor y su esperanza.

Irma, en medio de este momento estás yendo a lo más hondo de tu alma y, si te dejas hacer, el Espíritu Santo te mostrará el camino para salir y te digo más, para crecer. Ahora lo ves todo imposible, te planteas si volverás a sentir algo o si tu vida será para siempre así.

Todos tenemos una hora y un camino aquí en la tierra, y es importante aceptarlo: tu vida continúa. La existencia sigue siendo un regalo de Dios, un don.

Sientes vacío, pero no arranques una página de tu historia; transfórmala desde el amor y el recuerdo. Ahora que has tocado fondo, levántate con nuevas fuerzas.

Lo que se esconde y no se quiere aceptar, si permanece oculto en lo profundo del corazón, puede convertirse en una herida que acompañe durante mucho tiempo, quizá incluso toda la vida.

En este mar de tristeza en el que ahora te encuentras, avanzas más despacio, pero también puedes ir asimilando la pérdida de una forma más real. Desde ese vacío comenzarás, poco a poco, tu reconstrucción. Por ahora, permítete vivir esta soledad: date tiempo.

Verbalízalo: Mi hermano ya no está aquí, pero vive en mi recuerdo y en mi corazón. Ha emprendido su camino hacia la eternidad y descansa envuelto en el amor de Dios.

Y es que durante la vida escuchamos hablar de la muerte, pero se nos olvida que no es el final, sino un tránsito para seguir nuestro camino marcado desde antes de nacer. Si te fijas, el nacimiento también es traumático, pues supone salir del seno materno, donde sentíamos paz y cobijo. Después vienen los llantos, que llenan los pulmones y nos abren a una nueva vida.

El otro momento doloroso es la muerte, pero es un paso que nos lleva del abandono del cuerpo a la plenitud del alma.

Fíjate, el nacimiento está marcado por el llanto del que nace y la felicidad de los padres. La muerte está marcada por la paz del que nos deja y la tristeza y dolor del que sufre la pérdida. Te lo comparto porque es lo que me acaba de venir a la mente.

En el libro de la Sabiduría se nos describe esa paz a la que estamos llamados. Se orienta hacia una paz (Sab 3,3), un reposo (Sab 4,7) y una salvación (Sab 5,2) que no están ya en la tierra, sino en la inmortalidad (Sab 3,4), junto al Señor.

Por eso la esperanza se hace personal y se dirige hacia la vida que está por venir. Jesús mismo confirma esta esperanza cuando nos habla de la vida eterna (Mt 18,8s).

Me hablas de la voluntad de Dios, y te pregunto: Como hija amada, ¿cuál crees que es su voluntad? Su voluntad es abrazarte como Padre y que respires su compañía. Él quiere que estés bien, aunque no comprendas, aunque sigas enfadándote con el mundo; vuelve a su mirada, a su abrazo y confía.

Carta de 22 de agosto Adoración

Mi estimada amiga:
Escuchar tus audios en mi hora santa ante la Eucaristía, y tus palabras, es exactamente lo que yo quiero decirle a Jesús. Pero no sabía cómo hacerlo; y, a través de ti, se lo digo.

Muchas almas necesitamos ese aire de paz cuando perdemos un ser amado y sufrimos esa separación. Con tu voz y tu oración me siento arropada.

Primero descanso y me lleno de la presencia del Señor. Después, me abro a la escucha y tú, con tus reflexiones, me vas guiando y me llevas al corazón de Dios.

Entonces todo se calma y puedo vivir el amor de Dios.

Carta de 28 de agosto

Querida Irma:
Sigue habiendo, por ahora, más días malos que buenos, pero, bajo el manto de nuestra Madre y sintiendo su abrazo maternal, poco a poco irás viendo más luces que sombras.

No hace mucho te pregunté por esos audios que te enviaba porque, realmente, no era consciente de haberlos enviado. Ahora lo comprendo: son las oraciones que hago y subo a YouTube.

Esa oración que llamo Betania es, en realidad, mi oración íntima y personal con Nuestro Señor, que después comparto. Ya más de una persona me ha dicho que le ayuda a hablar con Jesús, a tener intimidad con Él.

Para mí, hablar con Dios es necesario; es descanso para mi alma y plenitud de su amor. Esa oración también me abre a su escucha.

No sabes la alegría que eso me produce, ya que, sin ser consciente, el Señor me hace instrumento suyo para tocar corazones.

Como verás, yo hablo con Jesús, porque está vivo, está en mi vida, está a mi lado. Le abro mi corazón y lo escucho.

Creo desde lo más profundo de mi ser que en estos momentos de duelo y de tristeza estar un rato ante el sagrario o en Adoración con el Santísimo expuesto sería un regalo para tu alma. Sería un descanso. Te digo más, hasta para una persona no creyente.

Es tal la fuerza del Señor, su amor, que si estás ante Él, se manifiesta. Y estoy absolutamente convencida de que, aunque una persona no crea, te aseguro que sentiría su presencia viva y real. Imagínate tú que tienes una fe tan arraigada cómo quiere derramar su amor sobre ti.

Ten en cuenta que Jesús siempre nos espera; por tanto, cuando vamos a estar con Él, su amor se derrama. No importa que no veamos, que no sintamos. Importa que seas tú con Él, que llores, que rías, que te enfades. Él está sin distancias y te aseguro que en ese rato, su Espíritu Santo se hace presente, te envuelve con su luz y va actuando.

Su paz será tu paz. Tu alma descansará. Entonces volverá a ti la esperanza y, sobre todo, ese desahogo al sentir el amor de Jesús, que irá transformando tu interior y tus pensamientos.

Tus heridas serán vendadas con el soplo de su presencia.

Me dices que muchas almas necesitan ese aire de paz ante la pérdida. Le pido al Señor que, con mis oraciones y en su presencia en la Adoración, se vaya haciendo realidad en tu vida el Sal 23:

El Señor es mi pastor, nada me falta:
En verdes praderas me hace recostar;
me conduce hacia fuentes tranquilas
y repara mis fuerzas.
Me guía por el sendero justo,
por el honor de su nombre.
Aunque camine por cañadas oscuras,
nada temo, porque tú vas conmigo:
tu vara y tu cayado me sosiegan.
Preparas una mesa ante mí,
enfrente de mis enemigos;
me unges la cabeza con perfume,
y mi copa rebosa.
Tu bondad y tu misericordia me acompañan
todos los días de mi vida,

y habitaré en la casa del Señor
por años sin término.

Ora con este Salmo lleno de tanto amor y sabiduría. Siente cómo te conduce, te llena de paz y repara tus fuerzas. Y ahora que caminas en cañadas oscuras: deja que te lleve, te abrace y nada temas porque va contigo. Irma, Jesús te ama y está llorando contigo. Él respeta tu tiempo, pero no quiere que te hundas. Como te dije en otra carta, tu fuerza está en Él.

Carta de 5 de septiembre: Sentirse Reconfortada

Querida Cristina:

¡Están tus cartas llenas de verdad y de luz!

¡Cómo he llorado, pero de alegría!

Comprender y abrir el corazón desde el amor de Dios. Aceptar el dolor y entregarse completamente a los caminos y designios que nos ha preparado el Altísimo.

Doy gracias por haber coincidido en esta vida contigo, en este camino de reflexión y aceptación de la partida de mi hermano a la morada del Altísimo.

Oraré con este Salmo con la certeza de que nada me falta, de que en medio de estas cañadas oscuras que estoy viviendo, Él me sostiene, me consuela. Bendiciones, querida hermana.

Carta de 11 de septiembre

Querida Irma, hija amada de Jesús:
Le pido a Jesús que siga visitando tu espíritu y que te arrope con Su consuelo. Creo que basta con saberte hija amada, para que te sientas reconfortada. En los momentos de lucidez, por así llamarlo, dentro de la oscuridad, reconocerse hija de Dios es una gracia. En esos momentos todo se transforma, todo irradia amor, paz y el miedo creado por el fallecimiento se disipa.

La soledad deja de ser una carga cuando es llevada desde Jesús. Es importante ser consciente de que eres hija de Dios en estos momentos. ¿Qué significa?

Supone ser parte de su identidad: saber que tienes un padre que te ama, que está pendiente de ti. Es ser parte del reino de Dios y vivir sabiendo que te regala todo su amor aun cuando te enfades con Él, aun cuando falles. Te hablo de esto porque necesitamos creerlo, necesitamos interiorizarlo y hacerlo nuestro. Y no es para quitarte el sufrimiento, sino para llevarlo con otra mirada.

Como cristianos, somos hijos de Dios por la fe en Cristo. Tenemos el mismo espíritu que nos hace hijos adoptivos. (Rom 14,17). La herencia que Dios nos regala es para comenzar a vivirla aquí, y la plenitud nos llega cuando partimos a la casa del Padre.

Todo nos es preparado para esa reunión eterna: «No se turbe vuestro corazón; creéis en Dios, creed también en mí. En la casa de mi Padre muchas moradas hay; si así no fuera, yo os lo hubiera dicho; voy, pues, a preparar lugar para vosotros. Y si me fuere y os prepararé lugar, vendré otra vez, y os tomaré a mí mismo, para que donde yo estoy, vosotros también estéis». (Jn 14,1–3).

Tu corazón puede descansar en esta promesa: la vida no termina.

Irma, si reflexionas sobre esto, creo que puede ayudarte a llevar el duelo, ya que en medio de tu soledad, del silencio, Dios sigue diciéndote: «Ven a mí, hija mía».

Tal como me has escrito antes, «comprender y abrir el corazón desde el amor de Dios» solo es posible sabiéndote hija amada de Dios.

Y, como te he escrito en otras cartas, no se trata de quitar el dolor ni el duelo, sino de vivirlo con paz, como un proceso necesario que hay que atravesar, pero sin quedarse en él.

Solo una cosa: vívelo sin prisas. Tu angustia es tuya, y tu tiempo también. No hay plazos para atravesarlo ni método. No obstante, como te digo siempre, busca a Jesús cuando todo se derrumbe.

Quiero compartirte de nuevo unas reflexiones del Papa Francisco que sé que también te reconfortarán:

«El Señor está cerca de los que sufren y toca su "aflicción"; camina con quien está tocado por la muerte, dando su mano para ayudar a levantarse, enjugando las lágrimas y asegurando que "la muerte no tiene la última palabra".»

En el sufrimiento, la primera respuesta de Dios no es un discurso ni una teoría, sino su caminar con nosotros, su estar a nuestro lado. Jesús se dejó tocar por nuestro dolor, recorrió el mismo camino que nosotros y no nos deja solos, sino que nos libera de la carga que nos oprime, llevándola por nosotros y con nosotros».

Me despido con la esperanza de que estas palabras que te comparto sean como un rayo de luz en tu camino y apacigüen el sufrimiento, las dudas y las contradicciones que caen sobre ti como dagas en estos momentos.

Un abrazo en Cristo, lleno de cariño.

Tu amiga, Cristina.

Carta de 17 de septiembre: Aislamiento

Cristina, querida hermana en Cristo:

Gracias de nuevo por tus cartas. Me ayudan, llenan de consuelo y tomo fuerzas para seguir, pero de nuevo me derrumbo. Sé que Jesús me espera en la Adoración. He vivido a veces lo que tú me explicas.

Tengo un grupo en mi parroquia y nos reunimos los jueves a las 4 de la tarde para adorar al Señor y me llaman para que vuelva, pero después de hacerme el ánimo, de nuevo me echo para atrás. Es miedo, es huida, es esconderme porque no quiero ver a nadie. Tampoco estoy preparada para que me pregunten, para que me miren y sienta en sus miradas fijas en mí y pensando: pobrecita. Querida amiga, siento que estoy luchando contra el mundo y contra mí.

Carta de 24 de septiembre:

Querida Irma:

Con relación a tu carta, algo me comentaste en nuestra última reunión virtual y parecías dispuesta a ello, así como a reemprender otra misión que el Señor te puso hace unos años. Te veía tan decidida que te animé, pero da pasos pequeños, con convencimiento; así, poco a poco, podrás salir de tu aislamiento. Este es ahora tu refugio, tu aliado, aunque, como bien sabes, tiene doble filo.

A veces, en tu aislamiento, te invaden pensamientos y recuerdos que pueden llevarte a un pozo sin fondo y que no ayudan. O pueden ser recuerdos de cómo os habéis amado, de todo lo que habéis vivido juntos y habéis compartido.

Siento que el Señor quiere que escribas. Sí, escribir es desahogarte, es hablar contigo misma, con

Dios y con tu hermano. Escribir puede ayudarte a desatar todos esos nudos generados.

Has levantado un muro entre tú y el resto del mundo. Parece que solo puede salvarte y sacarte de ahí la persona que se ha ido. Por eso te digo que escribas.

Este aislamiento es una parada importante, pero, si te quedas estancada en él, puede suceder que esta inmovilización absorba tu mundo hasta acabar paralizada.

Ya te comenté en una carta anterior el caso de una amiga que perdió a su madre cuando era muy niña. El aislamiento que vivió, incluso de forma inconsciente —pues, en cierto modo, fue su manera de protegerse—, le impidió expresar lo que sentía.

Con el paso de los años, en su mirada y en su expresión aún se percibe que esa herida sigue sin sanar. Hay un sufrimiento que permanece en su corazón.

Hay algo en la muerte de su madre que ella no ha superado: su aislamiento, prolongado y encapsulado, terminó por enterrar sus sentimientos. Cuando no se afronta, la esperanza se apaga, no llega la aceptación y, por tanto, tampoco la sanación.

Le pido a María que tome fuerte tu mano y que, junto a ella, ores desde su amor. Como madre, te dará consuelo y luz para que, poco a poco, encuentres sentido a la vida y salgas de tu aislamiento.

Aunque te aísles, no dejes de regar tus plantas. Míralas, háblales; están en casa y perciben tu estado de ánimo. Es un pequeño gesto, pero importante: si no lo haces por ti, hazlo por ellas. Son parte de la creación y están a tu cuidado.

Carta de 1 de octubre: Silencios y culpas

Cristina, de nuevo te escribo:
Siento que hay muchas conversaciones pendientes. Recuerdo cosas que dije o que callé y que ahora me pesan. Me entristezco profundamente. Hay impotencia y un dolor en el corazón.

Deberíamos ser conscientes de que vamos a morir en algún momento. Solo así abriríamos nuestro corazón a los demás. Ahora siento que hay cosas que se han quedado en un cajón cerrado y que nunca podré comunicar.

Carta de 7 de octubre

Querida Irma:

Tan solo puedo decirte que me vienen muchos recuerdos de lo que viví con mi padre. Murió y, más allá de la ausencia física, quedó un vacío emocional tremendo, unido al sentimiento de culpa por no haberle dicho cuánto le quería.

Todo se derrumbó dentro de mí al darme cuenta de tantas conversaciones pendientes. No sabes cuánto me pesó creer que murió sin saber cuánto le quería. Pero, ¿sabes? Todo era una creencia mía que me pesó como una losa durante muchos años.

Era esa lucha interna por los sentimientos encerrados y no expresados mientras vivía. ¿Por qué no se lo dije? ¿Por qué no le abrazaba para demostrarle mi cariño? Preguntas sin respuesta que te atraviesan y te ahogan.

Con el tiempo comprendí que nunca es tarde para decir lo que llevamos en el corazón. Decir a la persona que nos ha dejado lo mucho que la queríamos. Tampoco es tarde para decir: lo siento, perdóname o sí, te perdono. Te quiero y te doy las gracias.

Ese peso me llevó a pensar durante mucho tiempo que había sido una mala hija. Pero, en una peregrinación a Medjugorje, recibí una gracia inmensa. Tras subir el monte Kricevac, experimenté un amor y un perdón profundos.

Las lágrimas corrían por mis ojos mientras sentía todo el amor de mi padre desbordarse sobre mí. No dejaba de repetirle cuánto le quería, y él me envolvía con su amor.

Fue una sanación que me llenó de paz y me permitió abrir los ojos a la mentira en la que había vivido desde su muerte. Él sabía lo mucho que le quería, y así pude experimentarlo.

Fíjate, fue en esa peregrinación cuando la Virgen me mostró el amor de mi padre y sanó la herida que guardaba en mi corazón.

Esto me hace comprender lo importante que es, en un momento de tanto sufrimiento, acercarnos a María. Para quienes tenemos fe, es una gracia inmensa poder acudir a ella en estos momentos. Nos habla de muchas maneras. Nos arropa, nos abraza constantemente y acoge lo que vivimos como si fuera suyo.

El Señor quiere que confiemos, que volvamos nuestra mirada a Jesús y a sus promesas. De ahí nace la fuerza para, como ya te escribí en otra carta, seguir caminando: con tristeza, sí, pero firmes en Cristo y en su Palabra.

Irma, me hablas de silencios, y en ello percibo que tu alma empieza a sanar. Ya no son vacíos como al inicio, cuando te hundían; ahora son espacios habitados. Aprovecha esos momentos para acoger lo vivido. Eso será luz para ti. Me preguntarás cómo. No tengo una respuesta clara, pero es lo que siento que el Señor me muestra.

Lo vivido permanece: es una realidad que nada ni nadie te puede arrebatar. Y eso llena esos espacios y te permite dialogar con quien amas, recordarlo con amor en su ausencia y comprender que el amor vivido no se pierde.

En esos silencios hay nostalgia. En ellos, la memoria pasa por el corazón y el alma escucha lo que ya no se dice, pero sigue viviendo en ti. Son lugares donde recordar sin romper la paz; forman parte del consuelo.

Entonces el tiempo se detiene y regresamos a los momentos compartidos. Comprendemos que esos silencios son semillas del amor vivido, del amor compartido, del amor que permanece y sigue creciendo en nuestro interior.

La Biblia nos recuerda que el silencio tiene su tiempo y forma parte del proceso de sanación. Te dejo este versículo para que lo ores: «Hay tiempo de rasgar y tiempo de coser; tiempo de callar y tiempo de hablar» (Ecl 3,7).

¿En qué tiempo estás? ¿Qué sientes en tu corazón y dónde hallas paz?

Irma, poco a poco aprende a convivir con los recuerdos. En esos silencios, tan personales, volverás a respirar el amor que os teníais. En tu memoria aparecerán gestos, miradas y palabras que te darán vida en medio del sufrimiento.

En esta intimidad —porque eso es—, lo vivido se mezcla con la gratitud y puede nacer una sonrisa: porque fuiste amada, porque amaste desde lo más profundo del corazón.

Termino con el Salmo 62:1

«En Dios solamente está acallada mi alma; de él viene mi salvación».

Busca tu silencio: en medio del sufrimiento puede convertirse en lugar de encuentro con Dios.

Le pido al Señor que se haga presente ahí y te abrace.

Carta de 12 de octubre: Aceptación

Querida Cris:

Cómo me ha ayudado tu última carta. Es verdad que ahora mis silencios los lleno de recuerdos y, de ese modo, siento que mi hermano está junto a mí. Ya no respiro ese vacío helado que me llevaba al abismo.

Voy haciendo mías tus palabras y me lleno de esperanza. Comprendo lo que me quieres decir. Ahora me toca aceptar: con sufrimiento y tristeza, pero aceptar. Es una realidad que no puedo cambiar. Es el momento de aprender a acogerla en mi corazón.

En este aprendizaje también voy comprendiendo que aceptar no es olvidar ni cerrar el amor que le tengo. Aceptar es sostener el día a día con lo que puedo, aunque sea poco.

Se trata de dar pasos pequeños. Si vuelvo a caer, no será un fracaso; será parte del camino que estoy recorriendo, con el corazón en duelo y sostenida por Dios.

Carta de 20 de octubre

Querida Irma:

En el lenguaje bíblico, el corazón representa la conciencia: pensamientos, sentimientos, motivaciones y voluntad. Por eso es tan importante cuidarlo.

En este momento de duelo puedes elegir: construir un desorden interior y quedar como una casa derrumbada, o guardar en ti lo bueno de tu ser querido, sabiendo que permanece y que así podrás llevarlo contigo el resto de tu vida. Si te dejas arrastrar por pensamientos y emociones desordenadas, terminarás hundiéndote.

Dios creó todo a partir del caos —puedes leer Génesis 1—. Es ahora, en medio de tu propio desorden, cuando está a tu lado. Te sostiene y quiere entrar en tu vida para reconstruir tu alma herida. Ten la certeza de que, incluso en medio del sufrimiento, quiere darte su amor.

Guarda tu interior, guarda tu conciencia. Protégela de todo aquello que te hace daño. Irma, mucho depende también de nosotros; pero, si te dejas guiar por el Señor y permaneces en Él, todo irá transformándose.

Me hablas de la aceptación. Es un paso esencial para volver a caminar hacia la luz, respirar y comenzar de nuevo. Tu hermano querría verte recuperar la ilusión, mirar hacia delante y seguir viviendo. No se ha perdido: está en otro lugar.

Al aceptar, empieza a sanar la herida y también el rencor que a veces aparece. Los que nos quedamos debemos enfrentarnos a la realidad. Esto se concreta en gestos sencillos: recordar, recomponer y volver a empezar. Es como si una apisonadora hubiera pasado por tu vida; pero todo puede reconstruirse y encontrar un nuevo orden. Cuando acogemos lo ocurrido, empezamos a vivir de nuevo. Y eso solo sucede cuando se le da al duelo el tiempo que necesita.

Desde ahí volverás a ver la luz y la esperanza. Llegarán más días serenos que oscuros. Tu vida se pondrá de nuevo en movimiento, porque recuperarás la fuerza y la seguridad para seguir adelante. Eres consciente de lo que has perdido, y ahora se abre el aprendizaje de acogerlo en lo profundo del corazón.

Algo muy hondo está sucediendo ya en tu interior. El silencio empieza a tener vida y tu corazón vuelve a latir con calma. Al acoger, muchas ataduras se aflojan y empieza a nacer una libertad nueva. Es un proceso íntimo, lento y transformador.

He leído en algunos libros sobre el duelo que, a medida que avanzamos en este camino y sanamos, nos acercamos de una manera nueva a la persona que amamos.

Irma, tú estás ahora en ese momento. Tu herida está siendo curada y empieza a nacer una relación distinta: aprender a vivir con quien hemos perdido, llevándolo en el corazón.

Sí, es una presencia que nos acompaña desde dentro. En ti está la respuesta de amor que buscas. Reconoces los valores que te transmitió, las palabras que dejaron huella, los gestos de los que aprendiste y las decisiones que tomas, influida por su amor.

Por experiencia propia —y también por lo que muchos comparten— no dejamos de hablar con nuestros seres queridos que han partido. A veces les preguntamos cosas o sonreímos al recordar momentos vividos con ellos. Tenemos la certeza de que nos escuchan, que nos cuidan y nos protegen.

Todo esto se vive en lo profundo del corazón. Mientras lo recuerdes, permanecerá vivo en ti. Y eso es real.

PARTE IV

Hacia la esperanza

Carta de 26 de octubre

Mi querida amiga:

Espero que esta carta te llegue a tiempo. He pensado que ofrecer una oración por tu hermano el 2 de noviembre, día dedicado a los fieles difuntos, podría ser un pequeño regalo para ti. Deseo de corazón que te ayude a sentirlo cercano y a encontrar paz al saber que está con nuestro Padre:

Señor, en este día tan especial te presentamos a Sergio, a quien ya has llamado a tu presencia. Acógelo y concédele el descanso eterno.

Sabemos que está en tus brazos y que tu amor lo envuelve. Te damos gracias por su vida, por los momentos compartidos y por el amor que dejó en nosotros.

Hapartido,perosurecuerdosiguevivoenmialma. El amor que nos unía permanece.

Que ahora brille en el cielo con la luz y la alegría que le regalaste en la tierra, y que desde allí siga presente en mi corazón y su memoria ilumine mi camino.

Lo ponemos en tus manos con amor y esperanza.

Que su alma descanse en paz.

Amén.

Irma, hoy quería estar cerca de ti de una manera especial. Espero haberlo logrado con esta pequeña oración escrita con mucho cariño. Recuerda esto: cuando el amor ha sido verdadero, la muerte no lo rompe; solo lo transforma.

Carta de 12 de noviembre: Reencontrarse

Querida Cristina:

Voy descubriendo a qué me llama este momento: en medio de mi sufrimiento, entregarme a los caminos y destinos que Dios ha preparado para nosotros.

Doy gracias por haber coincidido en esta vida contigo. Fue, sin duda, un regalo del cielo para mí que, al enterarte de lo sucedido, quisieras contactar conmigo. Avanzo en este camino de duelo. El Señor ya iba preparando el sendero cuando inspiró a nuestra amiga Isabel a enviarme cada semana tu oración Betania.

Con tus oraciones, que escucho ante el Santísimo, iniciaré mi reencuentro con Jesús y con María. Me ayudan tanto a acercarme al Señor, a sentir su presencia. Y ese diálogo que tú tienes con Él es como si fueran mis propias palabras pronunciadas por tu boca. De nuevo, gracias por ser dócil a lo que el Señor te pide.

Sigo en este camino de reflexión y aceptación de la partida de mi hermano Sergio hacia la casa del Padre.

Como me compartiste en otras cartas, la pérdida de un padre, de una madre, de un hermano o de un amigo muy cercano hace que, al sentir su partida, nos desmoronemos y comencemos a buscar esa luz que parece haberse apagado y que ahora anhelamos.

Y es entonces cuando descubrimos que Dios es el único pilar que no se derrumba cuando todo lo demás cae.

Con cariño, Irma.

Carta de 22 de noviembre

Querida Irma:

Siento tu paz. También percibo en ti un corazón que desea volver a latir con ilusión. No sabes la alegría que eso despierta en mí.

En mi interior algo me impulsa a comenzar esta carta con el Salmo 62,1: «En Dios solamente descansa mi alma; de él viene mi salvación».

Te invito a repetirlo respirando profundamente, dejando que estas palabras reposen en tu interior y sintiendo cómo tu alma se aquieta en Dios. De Él viene tu salvación. Y ya está comenzando ahora.

Desde ese recogimiento has querido aceptar; ahí te encuentras con Dios y el alma descansa.

¡Es tan bello y tan poderoso lo que dice este Salmo! Creo que está muy unido a lo que me comentabas: «Iniciaré mi reencuentro con Jesús y María».

¡Qué alegría tan grande me da leerte! Así es: después de no comprender, de creer quizá desde cierta distancia, ahora Dios te llama de nuevo a unirte a Jesús y a María. Es un tiempo para crecer en profundidad en tu fe y en tu camino espiritual.

Después de una pérdida, cuando estamos desolados y las dudas parecen inundarlo todo, fácilmente pensamos que Dios se ha alejado. El silencio y las preguntas sin respuesta pesan en el corazón.

Sin embargo, ahora ha llegado el momento del reencuentro. Has comenzado a reconocer la mano de Dios que te sostiene y que ilumina tu vida. Poco a poco te abandonas a su grandeza y te dejas acoger en su abrazo.

En este reencuentro confirmas que Cristo es el Señor, el que da paz y esperanza. María te abre a su amor: sientes su ternura y aprendes a confiar incluso en medio de la oscuridad.

Te invito a rezar la siguiente oración:

Después de la ausencia que deja el adiós, de tantas preguntas sin respuesta y de tantas lágrimas, vuelvo a Ti, Señor. Aunque mi corazón se sintiera roto y perdido, Tú estabas allí, caminando a mi lado. Sé que nunca me abandonaste.

Hoy me reencuentro contigo, Jesús, porque sé que eres mi Señor, mi fuerza y mi paz. Tus palabras me devuelven la esperanza. Herida por el sufrimiento, regreso a Ti, reconociendo que sin Ti nada puedo.

Gracias, Señor, por tu paciencia y por tu fidelidad, incluso cuando yo me alejaba o no comprendía.

Y junto a Ti, María, siento tu ternura que me envuelve. En tu compañía aprendo a confiar, a esperar y a creer que un día volveré a abrazar a quien tanto amo en la vida eterna.

Señor mío y Dios mío, te amo.

Carta de 30 de noviembre: De nuevo siento miedo

Mi querida amiga:
Te escribo hoy sin comprender nada. El otro día fui a casa de mi hermano y todo me golpeó con fuerza. Su ausencia me ha herido profundamente. Creí que empezaba a aceptar, pero siento que caigo de nuevo en una espiral que me arrastra a una soledad muy honda.

Me he reencontrado con Jesús, pero mi hermano no está. Esa es la realidad, y ahora me veo sumergida en ella. Le pido al Señor que me dé luz y a ti que me escribas, para que, a través de tus palabras, vuelva a sentirme sostenida.

Apenas tengo fuerzas para escribir. Mi mente vuelve a ser un torbellino de pensamientos que me atormentan. Dame aliento con tus palabras, porque me ayudan a volver a sentir esa paz que viene de Dios.

Un abrazo con todo mi cariño. No dejes de escribirme.

Tu amiga,

Irma

Carta de 6 de diciembre

Querida Irma:

Ya han pasado once meses y, como te he dicho en otras cartas, el duelo y la sanación del corazón son caminos personales. Sigo orando y preguntándole al Señor cómo acompañarte.

Este proceso es difícil, pero veo que vas reconstruyendo tu vida, ya no solo con tus propias fuerzas, sino sostenida por el Señor. Irma, es normal que estos pensamientos lleguen como un gran tsunami, pero no dejes que te arrastren.

¿Cómo vivir el duelo y la ausencia? Sinceramente, cada persona lo atraviesa de una manera distinta, pero lo importante es no negarlo y, sobre todo, mantener el deseo de seguir adelante. Pregúntate cómo le gustaría a tu hermano verte hoy. Ahí encontrarás respuesta.

Por el amor que os tenéis, vive con su recuerdo en el corazón.

Está la ausencia, pero también lo vivido. Tu corazón puede llenarse de amor, de esperanza y de consuelo. Eso no significa que tu hermano pierda su lugar en tu vida. No, es irreemplazable. Pero ese vacío que ahora duele se transformará en una presencia que habita en ti.

Has vuelto a la casa de tu hermano. ¿Cuánto hacía que no entrabas allí? Estoy convencida de que, ahora que lees esta carta, tu corazón se ha ido serenando y tus sentimientos vuelven a la paz. Regresar ha sido un gesto de valentía: es afrontar el duelo, la muerte y dar un paso más hacia la aceptación.

Has sentido su ausencia entre sus cosas, en cada rincón de ese lugar. Pero también estoy convencida de que, después del primer impacto, has podido reencontrarte con él a través de lo compartido.

Irma, no eres débil. Lo que estás atravesando es profundamente humano. Afrontar la realidad es el primer paso para que la herida empiece a sanar.

Carta de 10 de diciembre

Querida amiga:

Gracias de nuevo por tus cartas y por tu cercanía. Me siento tan arropada cuando te leo. Cuánta razón tenías en tu último escrito. Así fue: después de ir a casa de mi hermano comprendí que era necesario. Pasaron unos días y debo decir que volví a llenarme de paz. Además, podía sentir a mi hermano en medio de sus cosas, en su despacho y en su habitación.

Mi mente se abrió y pude cerrar la puerta a esa desesperación abrumadora. Y, ¿sabes?, comencé a hablar con él, a recordar nuestras conversaciones. Después de ir a su casa, algo ha cambiado. Siento que está a mi lado.

Creo que te comenté que, al mes de morir mi hermano, viví una experiencia que me llenó de paz. Una noche, al mirar hacia el jardín desde la entrada de mi casa, percibí una luz suave, como una figura que se dibujaba en la oscuridad. En ese momento sentí con mucha fuerza que venía de él, como si su presencia quisiera hacerse cercana.

Me produjo asombro y también algo de temor, porque no comprendía lo que estaba sucediendo. Sin embargo, sentí una paz profunda que me llenó de esperanza y me dio fuerza para seguir adelante.

Aquel instante me hizo comprender que el amor no desaparece con la muerte; de alguna manera permanece cerca de nosotros.

Carta de 15 de diciembre

Querida Irma:

Me alegra saber que sientes la cercanía de tu hermano y que el Señor te regala esa paz que tanto necesitas. Hoy quiero responderte compartiendo unas palabras de san Agustín y un texto bíblico que espero que toquen tu corazón.

San Agustín expresa en una oración algo muy bello que creo puede ayudarte:

«La muerte no es nada; solo he pasado a la habitación de al lado». «¡Si conocierais el don de Dios y lo que es el cielo!». «Cuando llegue el día que Dios ha fijado y conoce, y vuestra alma venga a este cielo al que la mía se ha adelantado, volveréis a ver a aquel que os amaba y que siempre os ama».

Estas palabras llenan el corazón de consuelo, ¿no crees?

San Agustín nos ayuda a aliviar el sufrimiento de la pérdida al recordarnos que quien ha partido continúa vivo en Dios y que el vínculo del amor no se rompe. Nos habla del cielo como una ventana abierta a la plenitud del amor de Dios. Es ese amor al que estamos llamados, el que sostiene la esperanza de encontrarnos un día con Cristo y de reencontrarnos con quienes hemos amado. Todo está unido; todo forma parte de su amor infinito.

Irma, deseo que el Señor, a través de estas palabras, apacigüe tu corazón. Vuelvo a decirte que lo que estás viviendo es real y necesario; pero, sostenido por la fe, puede vivirse con una esperanza nueva.

21 de diciembre

Querida Irma:

Se acerca la Navidad y mi corazón está muy unido a ti y a otras personas que han perdido recientemente a un ser querido. Pensar en vosotros me ha llevado a discernir cómo vivir este tiempo en medio de la ausencia.

Este año me acerco a la Navidad casi sin poder adentrarme plenamente en su misterio. Hace unos días supe que a una amiga se le había muerto el marido: tenía cincuenta y ocho años. Fue por una alergia y no se pudo hacer nada. De nuevo la muerte tan cerca. De nuevo las preguntas: cómo ayudar, qué decir, cómo acompañar.

Era una amiga cercana. Tardé dos días en ir a verla. Necesitaba ese tiempo para asimilar lo sucedido, orar y preguntarle al Señor qué podía decirle.

Cuando sentí que era el momento, fui a verla. Ella vino hacia mí y nos fundimos en un abrazo. Después de unos instantes le dije: «Lucía, no dejes de hablar con él. Aunque no lo veas, está contigo y vive en tu corazón. Ahora se ha encontrado con Jesús y vive en el amor eterno. Estoy segura de que un día volveréis a encontraros».

Ella me dio las gracias y me preguntó: «¿Tú crees que será así?». Le respondí: «Sí». Entonces me dijo: «No dejaré de hablar con él. Lo que me has dicho me da esperanza».

Mi corazón ha sufrido mucho. He sentido vuestro dolor —el tuyo y el de ella— incluso en la distancia, buscando cómo poder ayudar. Al final comprendo que ayudar a alguien es, sobre todo, acompañar: estar cerca y saber esperar. Nada puede sustituir el proceso del duelo.

Una muerte inesperada es como un tsunami que irrumpe en el alma: o sacude todo y deja el corazón atravesado por una herida cuya profundidad solo el tiempo y la gracia de Dios pueden sanar.

Un final que llega sin aviso sacude profundamente todo el ser: afecta a la dimensión corporal, mental, emocional, espiritual e incluso a la vida social y relacional.

Irma, toda pérdida lleva consigo una transformación profunda de la persona, porque toca lo que llevamos dentro y también lo que mostramos hacia fuera.

La identidad cambia, el sentir se transforma y las prioridades se reordenan. La vida adquiere otro color y comienza a vivirse con mayor profundidad.

Solo puedo abrazarte con mis cartas y sostenerte con mi oración.

Carta de 29 de diciembre

Querida hermana en Cristo:
Te he tenido muy presente estas Navidades. El Señor ha permitido que sienta de cerca el peso de la muerte y de la ausencia, y supongo que también era para poder seguir escribiéndote.

Hace poco hablé con una amiga, como tú, a quien no conozco en persona, pero con la que el Señor ha unido nuestras almas. Oré por ella en una ocasión y me compartió que había perdido a su hija de ocho años a causa de una enfermedad. En ese momento no le pregunté cuál era, pero en lo profundo de mi corazón intuí que se trataba de leucemia. Cuando volvimos a vernos otro día, se lo pregunté y así fue.

Sinceramente, me emocioné; ella también, y lloramos juntas. Una misma enfermedad, un destino diferente, pero desde ese instante nos sentimos aún más unidas. Mi enfermedad me ayudó a conocer a Dios, a dar gracias constantemente y a ofrecer mi vida para anunciar su amor. Lloré porque yo estaba viva y su hija no. Lloraba de emoción, y dentro de mí se afianzaba una certeza: dejarme amar por Dios para poder amar yo también y llevar ese amor a los demás.

¿Cómo encajar la pérdida de una hija pequeña de ocho años? ¿Cómo seguir viviendo con ese dolor?

Me atreví a preguntarle cómo lo llevaba, mientras en mi interior resonaba otra pregunta: ¿cómo consolar a alguien por una pérdida así cuando yo misma he sido salvada?

Su testimonio, junto con el de otras personas, me ayudó a comprender mejor cómo muchos afrontan la muerte. Pensé que compartirlo contigo en estas cartas podría, de alguna manera, ayudarte.

En una conversación que tuve con ella, me confesó:

«Cristina, he podido seguir adelante porque, en el momento en que mi hija falleció, experimenté el abrazo de María, su mano sobre mi hombro. Desde entonces me acompaña en este camino de dolor y me sostiene en una paz que no nace de mí, porque sé que mi hija está con ella.

Desde ese instante mi vida cambió. Mi corazón se unió al de María y comprendí que me confiaba una misión: anunciar al mundo su Inmaculado Corazón.

Claro que mi corazón está triste. Claro que no tengo a mi hija a mi lado. Pero con nuestra Madre he experimentado el amor en el que ahora vive mi hija, y sé que un día volveremos a encontrarnos».

Como ves, en medio del caos también puede nacer el amor.

Carta de 15 de enero de 2026

Mi querida Cris:
Te escribo para compartirte algo que he sentido. Parece que mi mente va recobrando cierta lucidez y me doy cuenta de que, con la muerte de mi hermano, han salido a la luz muchas heridas que llevaba dentro. Al mismo tiempo he comprendido que este tiempo se está convirtiendo en un aprendizaje para descubrir quién soy, qué quiero y dónde estoy.

Y, sobre todo, me pregunto cómo quiero vivir a partir de ahora. La muerte, como me dijiste en tu anterior carta, reestructura la mente, la vida, la manera de afrontar las cosas y también los valores.

Carta de 22 de enero de 2026

Querida Irma:

Siento, a través de tu carta, una cierta esperanza. Descubrir las heridas forma parte de la sanación y, en ese camino, comprendes mejor quién eres y qué ha sido tu ser querido en tu vida.

Quiero escribirte ahora con unas palabras del papa Francisco que estoy convencida de que te reconfortarán:

«El Señor no deja sin consuelo. Y es hermoso pensar que sus hijas y sus hijos, como la hija de Jairo, han sido llevados de la mano del Señor; y que un día volverán a verlos, volverán a abrazarlos y gozarán de su presencia en una luz nueva, que nadie podrá arrebatarles».

Con estas palabras se dirigía el papa Francisco a quienes sufren. En medio de lágrimas y de preguntas sin respuesta, el Papa recordaba con certeza que el Señor toma de la mano a los hijos que ya no están para levantarlos, igual que sostiene también a los padres que sufren, para que escuchen su llamada a levantarse, a no perder la esperanza y a no apagar «la alegría de vivir».

El Papa alentaba así la esperanza de la resurrección:

«Entonces verán la cruz con los ojos de la resurrección, como fue para María y para los Apóstoles. Esa esperanza, que floreció en la mañana de Pascua, es la que el Señor quiere sembrar ahora en sus corazones. Les deseo que la acojan, que la hagan crecer y que la abracen incluso en medio de las lágrimas».

Irma, no son mis palabras, sino las de un Papa, sucesor de Pedro y pastor de todos nosotros. Por eso te las he compartido, para que toquen tu corazón y apacigüen las dudas que ahora te invaden.

Esperando que te den luz, me despido con un abrazo lleno de cariño.

Carta de 20 de enero de 2026

Querida Cris:

Cómo darte las gracias… Sé que no puedes quitar mi dolor, pero con tus palabras me siento viva. Recupero la esperanza y, en cierto modo, también la ilusión por vivir.

Gracias por las palabras del papa Francisco. Claro que me ayudan y me llenan de consuelo. Con ellas me ayudas a ver la luz.

Dentro de poco se cumplirá un año de la muerte de mi hermano. Inconscientemente me vienen recuerdos y situaciones; y, si me dejo llevar por los pensamientos, me invade la intranquilidad y el desasosiego. Reza por mí para que, con la ayuda del Señor, no me sienta prisionera de esos sentimientos.

Carta de 25 de enero de 2026

Querida Irma:

Soy consciente de que son momentos duros. Hace un año que tu hermano falleció. Estas fechas se convierten en dagas que se hacen presentes, aun sin querer. Cada año regresa ese día… y algo vuelve a clavarse en el corazón. Lo digo también por experiencia.

Irma, vívelo con paz. Con el paso del tiempo, esos recuerdos que ahora te sobresaltan irán perdiendo fuerza a medida que tu corazón vaya sanando.

A lo largo de este año he intentado acompañarte con sencillez y desde el amor en tu dolor, ofreciéndote una luz para sostenerte y seguir adelante.

Acudiendo a la Palabra de Dios, quiero recordar lo que dice el libro de Eclesiastés: «Hay un tiempo para todo: tiempo de nacer y tiempo de morir» (Ecl 3,1–2).

Este tiempo que atraviesas no es un error ni un castigo: es un umbral. En él, el corazón aprende a amar de otra manera: sin poseer ni retener, simplemente entregándose.

También nos recuerda, con una verdad desnuda, que todo vuelve al polvo (Ecl 3,19–20). No es para hundirnos, sino para devolvernos a lo esencial. La muerte desarma nuestras seguridades y nos enfrenta con la verdad de nuestra existencia; pero no puede borrar lo que fue amor.

El amor vivido no desaparece: queda escrito en el alma y guardado en Dios.

Y cuando ya no sabemos qué decir, Eclesiastés se atreve a dejar una pregunta abierta: «¿Quién sabe…?» (Ecl 3,21).

Hay misterios que no se explican; se sostienen en silencio. A veces la fe comienza precisamente ahí: cuando ya no controlamos nada y aun así, seguimos confiando.

Por eso la frase que más consuela llega al final como un refugio: «El espíritu vuelve a Dios que lo dio» (Ecl 12,7).

Vuelve. No se pierde. No se rompe en el vacío. Vuelve a las manos del Padre. Y en esas manos la vida se recoge, se abraza y se cuida.

Y tú… también quedas sostenida. Porque el camino cristiano no niega el dolor: lo atraviesa con esperanza.

La esperanza no consiste en olvidar; consiste en amar sin desesperar. Es permitir que la herida exista, pero sin dejar que domine.

Dios, a veces, nos deja pequeñas señales que no explican la muerte, pero sí encienden la esperanza. Recuerdo el testimonio de un hombre que se declaraba ateo: dos días antes de morir, tras una vida entera sin fe, se encontró con Dios y, casi sin poder hablar, le dijo a su mujer: «Dios es grande».

Comparto este testimonio muchas veces por la fuerza que tiene, porque me recuerda que Dios no se cansa de buscar a sus hijos, incluso cuando han estado lejos, incluso cuando nunca han creído.

En dos ocasiones distintas también me han compartido algo parecido que llena de paz: al morir un ser querido, la habitación se llenó de una luz que parecía respirar amor. Los rostros de quienes iban a partir cambiaban y aparecía una sonrisa que dejaba serenidad.

No lo digo como quien presume de entender lo invisible, sino como quien reconoce humildemente que no lo vemos todo. Y, aun así, estos testimonios nos devuelven a la esperanza ya anunciada: Dios está, acompaña, recoge y sostiene.

Hoy, Irma, quiero recordarte una vez más que no estás sola en este tiempo. Dios está contigo en el silencio, en la nostalgia, en la respiración entrecortada y en la memoria que regresa.

Y aunque ahora duela, ese dolor no tiene la última palabra.

Sigue viviendo desde la gratitud. Primero llegará la aceptación; después, la gratitud hacia la persona que se ha ido, pero sigue viviendo en tu corazón.

Seguimos unidas en la oración y en el amor de nuestro Señor Jesucristo.

Que el Señor te cubra con su paz y, poco a poco, te devuelva la luz.

La vida te dará de nuevo ilusión y sentido.

Un abrazo lleno de cariño.

Cristina

EPÍLOGO

Para cerrar este libro quiero dirigirme a ti, lector, y compartir lo que ha supuesto para mí escribirlo: ha sido un verdadero reto.

En primer lugar, ha sido acercarme al dolor de una amiga e intentar comprender —mientras la acompañaba— cómo se afronta una pérdida. Para mí también ha sido un tiempo de reflexión y, de algún modo, de preparación. Porque no estamos preparados para estos acontecimientos; y, sin embargo, desde la fe, nos recuerdan el camino de la eternidad y nos colocan ante lo esencial. He leído y buscado para poder transmitir, con sencillez, la esperanza cristiana.

En cuanto a Irma, fue ella quien me lo pidió. Aunque algunas personas decían que sería complicado, seguí adelante porque sentí que el Señor estaba detrás de todo. Le iba compartiendo lo que escribía y, en alguna ocasión, oramos juntas por videoconferencia. Eso nos acercó más y, desde la oración, pudimos experimentar cómo el amor de Dios se derramaba en su corazón.

A mí también me ha enseñado algo muy importante: que acompañar no significa tener respuestas, sino estar, sostener y no huir del silencio cuando faltan las palabras. Que el dolor no se discute: se escucha. Que la esperanza no consiste en negar la herida, sino en aprender a caminar con ella sin dejar que lo ocupe todo.

Estas cartas pretenden ser una pequeña luz cuando todo parece oscuro y recordar que el amor vivido no desaparece: queda escrito en el alma y guardado en Dios. Si ahora atraviesas el dolor de una pérdida, deseo que en estas páginas encuentres consuelo y fuerza para seguir adelante.

A ti, querido lector: ojalá este libro te ayude a detenerte y volver a lo esencial; a mirar tu vida con más profundidad; a aprender a amar desde el desprendimiento y a dar gracias por lo que hoy tienes. Y, por encima de todo, a confiar siempre en Dios, en cualquier circunstancia.

Irma me decía: «Escribe, porque así como me ayudas cuando rezamos, cuando te leo también puedes ayudar a muchas personas».

Con esa esperanza, dejo este libro en tus manos.

Seguimos unidos en la oración y en el amor de nuestro Señor Jesucristo.

Un abrazo,

Cristina Martínez

AGRADECIMIENTO

En el libro de Cristina he visto cómo, a través de todas las cartas, ha querido reflejar las etapas del duelo. Al leerlas, también me he visto reflejada: he reconocido gestos, pensamientos y silencios que yo misma he vivido. Y eso, en medio del dolor, ayuda: pone orden por dentro, acompaña y da palabras cuando una no las encuentra.

Las cartas que aparecen en este libro han sido escritas por Cristina. Algunas nacen de conversaciones que tuvimos o de mensajes que yo le enviaba para compartir cómo me encontraba. A partir de esos momentos y de su propia experiencia de fe, ella ha escrito estas cartas con su voz y con su manera de acompañar.

Quien atraviesa la pérdida de un ser amado suele recorrer —de forma desordenada y única— un camino interior que no siempre se comprende desde fuera.

A veces hay resistencia: no se acepta lo ocurrido. Se busca un motivo, una explicación que no llega.

Llega el cansancio de la gente, el deseo de recluirse en uno mismo. Surgen preguntas a Dios que no tienen respuesta inmediata:

¿Por qué?

Hay momentos en los que incluso aparece la rebeldía o el enojo. Se sufre en silencio. A veces ni siquiera se puede llorar.

La vida parece detenerse. Se pierde el sentido y la fuerza para seguir. Entonces se descubre la propia fragilidad.

Poco a poco, con el tiempo, llega la humildad: pedir perdón, aceptar lo que no se comprende y empezar a sostenerse de nuevo.

No porque el dolor desaparezca, sino porque la persona se va tomando, lentamente, de la mano de Dios.

Este camino no es lineal ni igual para todos. Cada corazón lo recorre a su manera

Pero en medio de la oscuridad, el amor por quien partió permanece. Y ese amor, con el tiempo, se convierte en el hilo que permite seguir viviendo.

Sigo echándolo de menos, pero ahora sé que el amor no se ha perdido.

Irma Cantó

Índice

Sobre la autora

Cristina Martínez Segura (Valencia, 1963) es profesora superior de piano y licenciada en Derecho. Tras doce años como profesora en un Conservatorio, su camino profesional la llevó al ámbito de las nuevas tecnologías y la protección de datos, donde creó su propia empresa de asesoramiento.

Desde 2013, a raíz de su conversión, escribe y comparte cada día pequeñas oraciones y reflexiones (Mainminute) que publica en redes sociales. De ese mismo deseo de acercar a otros a Dios nace Betania, una oración y comunidad que busca cultivar intimidad con Jesús y aprender a vivir guiados por el Espíritu Santo, en lo sencillo de cada día. Desde 2022 es dominica terciaria. Participa también en charlas, encuentros y formaciones donde ofrece testimonio de fe y acompaña procesos de crecimiento espiritual.

Es autora de varios libros de espiritualidad.

Actualmente dirige el podcast Hilos de Amor de Betania junto a Marta Reyes, un espacio de oración, esperanza y consuelo para quienes desean volver al corazón de Dios, incluso en medio de sus luchas.

YouTube e Instagram: @oracionbetania
Web: www.oracionbetania.com

Todos los libros de la autora

- *Regálate un minuto. Un pensamiento para cada día.*
- *Regálate un minuto. Un pensamiento para cada día. Vol.2*
- *Regálate un minuto. Un pensamiento para cada día. Volumen 3*
- *El encuentro: palabra y tiempo*
- *Historia de un reencuentro* (Ed.Fonte)
- *Sentir el corazón de nuestra Madre: Mayo, mes de María*
- *Feeling Our Mother's Heart: May, Month of Mary*
- *Cuando ya no está (Cartas de consuelo y esperanza en el camino del duelo)*

El amor no termina con la muerte.
Cambia de lugar: del abrazo visible
al abrazo eterno de Dios.

CRISTINA MARTÍNEZ SEGURA

www.ingramcontent.com/pod-product-compliance
Lightning Source LLC
LaVergne TN
LVHW050958080826
845145LV00009B/2345

* 9 7 8 8 4 0 9 8 5 2 8 2 6 *